mani
mani
漫履慢旅

伊豆

休日慢旅 · 能量無限

放自己一個漫慢假期 · 漫晃步履 · 慢心滿意

人人出版

伊東観光番
いとうかんこうばん
TOURIST
INFORMATION

THE PACIFIC

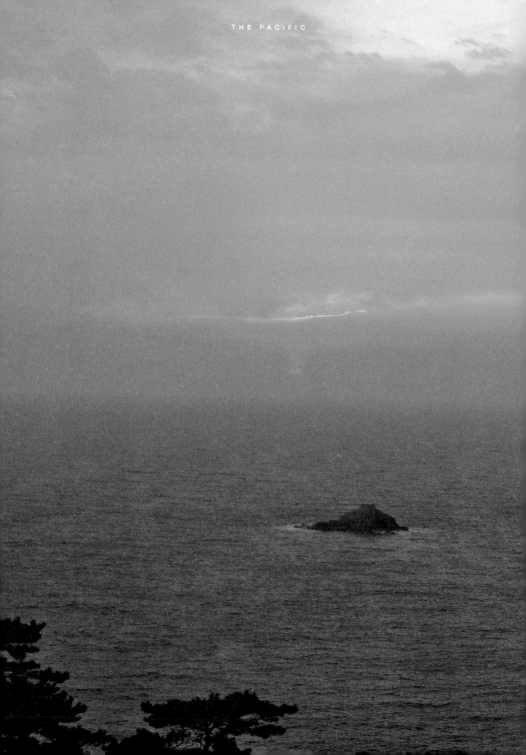

這裡有許多海灘，可以盡情欣賞蔚藍大海。照片中的風景是下田的入田濱海岸（P2）／在氣氛佳的海邊咖啡廳歇歇腳吧。從Hana café可以就近眺望白濱海岸（P3）／下田的佩里之路充滿懷舊色彩，沿路上林立著一間間由老舊建築物改建而成的咖啡廳及飯館（P4）／位於伊東市的伊東觀光番是靜岡縣內最古老的派出所建築，現在由觀光服務人員在此提供諮詢服務（P5）／從奧石廊崎的觀光名勝「愛逢岬」放眼望去，景色美不勝收，尤其是夕陽西下的風景更是值得一見（P6）

071

108

127

符號標示 電話 MAP 地圖 地址 交通 費用 營業時間 公休日 座位數 停車場

地圖標示 觀光景點・玩樂景點 用餐 咖啡廳 伴手禮店・商店 酒吧・居酒屋 純泡湯 住宿設施 休息站 禁止通行

SCENE 1
@ATAMI SEKAIE

— ATAMIせかいえ —

1

"旭日×海×水平線"…美得像幅畫般的自然美景。全都是真的!

度假飯店「ATAMI SEKAIE」面臨太平洋，放眼望去盡是一片絕景。從樓頂「紺碧テラス」可欣賞到的壯觀景色，讓我感動不已，從正面可看到初島，右手邊則可遠眺大島，如此美麗壯觀的海景，請您務必來此親身體驗。這裡的溫泉為含鈣、鈉的硫酸鹽氯化物泉，具有滋潤及高保溼效果。所有客房均附設放流式露天浴池，可以悠閒眺望海景，讓身心獲得放鬆。洗完澡後，在露臺邊享用特調雞尾酒邊泡湯，心情格外舒暢！另外，我也特別推薦每週日舉辦的免費早晨瑜伽課程（需預約）。

RECOMMENDED BY

溫泉與住宿的文字創作者

野添ちかこ小姐

運用本身所擁有的溫泉師及溫泉使用指導者執照，在雜誌、電視、廣播節目及網路等媒體向大眾介紹日本各地溫泉與住宿的魅力。

熱海郊外

ATAMI せかいえ

ATAMI SEKAIE

誕生於2015年4月的度假飯店，所有客房均可眺望海景。全館共有12間客房，不僅各具風格，並附設源泉放流式溫泉的露天浴池。此外亦備有從伊豆山獲得自然能量的能量景點健行方案等多種健康住宿方案（付費，需預約）。

☎0557-86-2000 MAP 附錄正面①C1
熱海市伊豆山269-1 JR熱海站車程約5分（有接送服務，需預約） P12輛 ¥1泊2食39030日圓～ IN 15:00/OUT11:00 客房…12間 浴池…內湯2、露天無、附露天浴池客房12間

1 開放區域「紺碧テラス」。不僅可在此點飲料，還能享用早餐

2 大廳設有大型落地窗，美景盡收眼底，請先在此欣賞海邊景色

3 以夕陽及夜晚氣氛為主題的特調雞尾酒各1400日圓等

4 設備講究，採用席夢思床墊等，讓您入住期間過得更舒適

5 1樓大澡堂旁設有休息區，可身穿浴衣在此悠閒放鬆

6 在客房附設的露天浴池裡隨時都能泡澡，可欣賞蔚藍的天空、大海、夜晚的星空或是日出破曉

7 嚴選當令食材及山珍海味、精心製作的正統日本料理

SCENE 2
@Bakery & Table東府や

べーかりー　あんど　てーぶる　とうふや

RECOMMENDED BY

編輯・設計・經營手巾店

住麻紀小姐

生長於靜岡縣三島市，現仍居住在三島。除了發行《伊豆時時新聞》之外，亦一手包辦採訪、執筆、編輯及設計工作。

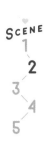

3

6

4

7

伊豆新招牌
足湯＆當地漢堡

山川近在眼前，腳掌泡在溫泉♪在如此奢侈的環境下，口中大快朵頤飯店特製的麵包與甜點。春季可在露天足湯欣賞紫藤花，秋季的楓葉也美不勝收，以風聲鳥鳴為背景音樂，忘卻惱人的塵囂，泡著足湯度過一段悠閒時光。

推薦的美食是使用當地食材製成的「This IZU LOVE漢堡」，使用黑米與米粉製成的小圓麵包滋味有深度，心型造型也相當可愛。此外館區內亦有和風建築搭配裝飾藝術風格室內裝潢的「大正館 芳泉 アールデコ」等各項豐富設施，別忘了去走訪一番。

8

5

9

1 種類豐富的麵包讓人眼花撩亂。開店後，種類多達30種的麵包依序出爐

2 坐在沿著湛藍水盤周圍所建造的吧台式足湯上，享受暖洋洋的咖啡時光

3 店內洋溢著現烤麵包香，充滿溫暖。窗外可看見露天座位

4 歷史悠久、創業長達400年的溫泉旅館「東府や」，其確實的技術反映在麵包烘培上

5 使用天城產鬥雞及當地蔬菜所製成的This IZU LOVE漢堡980日圓

6 被綠意盎然的大自然所環繞的露天座位。5月時，鮮艷的紫藤花為綠意增添色彩

7 從季節限定的麵包、硬麵包到三明治應有盡有，讓人難以抉擇

8 水果布莉歐麵包、伯爵茶與柳橙所製成的波蘿麵包

9 葡萄吐司0.5斤430日圓起。米粉製咖哩麵包320日圓

天城周邊

ベーかりー あんど てーぶる とうふや

Bakery & Table 東府や

位於溫泉旅館老鋪「東府や」館內的烘焙麵包咖啡廳，店內陳列各式各樣使用國產小麥及嚴選素材烘焙而成的麵包。可在店內一邊用餐，一邊泡在古奈溫泉的足湯裡，以露天吧台式足湯最受歡迎；亦可外帶或是在廣場野餐。

☎0558-85-1000 MAP 附錄背面⑩D8
伊豆市古奈98 伊豆箱根鐵道修善寺站車程15分
10:00～17:00(週日、假日為9:30～) 休無休 席86 P50輛

SCENE 3
@ひもの 万宝

— ひもの まんぼう —

1

質地鬆軟、好吃到不像魚乾的終極魚乾

店主親自前往漁場嚴選鮮魚，手工烘製成一片片的魚乾，再交由精通魚類的專家使用眼前的地爐為顧客烘烤。在下田為數眾多的魚乾店中獨樹一格的終極魚乾專賣店，就是萬寶。以備長炭烘烤的魚乾不僅外皮酥脆，肉質鬆軟，連骨頭也能一併享用。每當想品嘗美味的魚乾或是朋友來下田玩時，我總會到萬寶來。每次來一定會點大眼青眼魚及當地的紅金眼鯛魚乾。此外視季節而定，店內也會陳列從全國各地採購的當令鮮魚製成的魚乾，也請務必品嘗。

RECOMMENDED BY

伊豆のせんたんツアーセンター代表理事

增田健太朗先生

除了提供下田市及其周圍地域的觀光資訊之外，亦主辦海灘瑜伽、北歐式健走等活動。

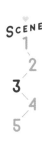

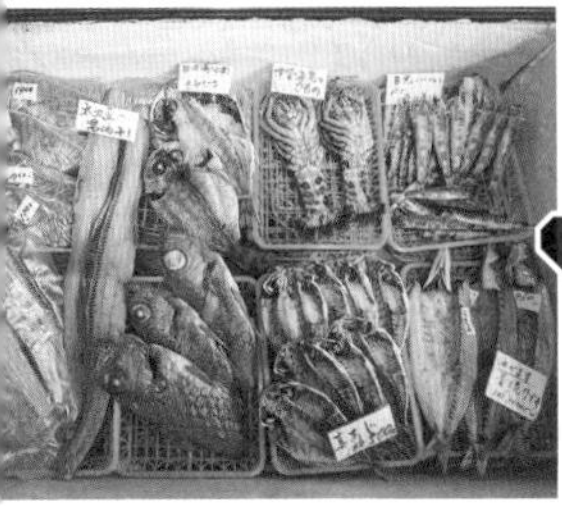

下田

ひもの まんぼう

ひもの 万宝

創業40多年的魚乾專賣店，起初原以販賣鮮魚為主，後來開始製作魚乾，其滋味廣受好評，被譽為「夢幻之味」。本店會因應魚的卸貨場及時期、脂肪含量及魚的特性，將鹹淡及烘烤程度調整得恰到好處，製作出絕品魚乾。

☎0558-22-8048 MAP 附錄正面⑥C3
🏠下田市柿崎707-13 👣JR伊豆急行線伊豆急下田站搭往板戶一色方向的南伊豆東海巴士7分，外浦口巴士站下車步行5分 🕒9:30～18:00(店內烘烤為11:00～15:00) 休週三 席12(除了魚乾費用外，另收烘烤費216日圓) P5輛

1 炭火烘烤能將魚乾的美味毫不保留地引出來

2 備長炭所具備的遠紅外線效果不但讓魚乾肉質變鬆軟，連骨頭也能一併享用

3 只購買魚乾也OK。在店內食用需付烘烤費216日圓

4 如同招牌所示，來本店也請務必品嘗特製的伊勢蝦乾

5 烘烤時間約10分鐘，烤魚乾的香味會瀰漫整個店內

6 烤得恰到好處的當地紅金眼鯛魚乾（切半）散裝零售

7 魚身厚得驚人的竹筴魚乾1片500日圓。連皮帶骨都能享用

8 店內菜單清一色都是魚乾，請自備白飯及飲料

SCENE 4

@Baird Brewery Gardens Shuzenji

— ベアード・ブルワリーガーデン修善寺 —

1

2

RECOMMENDED BY

ビール女子編輯部　記者

なな瀬小姐

身為提供啤酒愛好女性資訊的媒體＆「ビール女子」社群的成員，提倡將啤酒融入日常生活的生活方式。

DO YOU LIKE BEER?

旭日淡啤酒（Rising Sun Pale Ale）
使用清爽的柑橘系啤酒花製成，
喝起來口感相當均衡

金威特
Wheat King Wit）
起來帶有水果香，具
涼感好入喉，適合女
飲用

駿河灣IPA
（Suruga Bay
Imperial IPA）
啤酒花的用量比一
般啤酒多，飲用時
可享受到濃郁的香
味

連世界各地的啤酒通 也讚不絕口的精釀啤酒

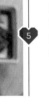

充分運用啤酒花持有的風味及濃郁香氣，是Baird Beer的一大特徵。除了可在此品嘗多達20種個性豐富的啤酒外，還能一邊參觀平時難得一見的啤酒釀造場，一邊學習啤酒釀造的實際工程，這是我最喜歡的地方。參觀途中還能親身體驗釀造前啤酒花的香味，機會相當難得喔。參觀後還可品評新鮮啤酒。此外，店內的啤酒吧台上陳列一整排啤酒拉霸，並以啤酒的瓶身設計圖案裝飾店內，相當時髦。另設有能感受伊豆新鮮空氣的露天座位，在開放的氣氛下，會讓人不小心喝太多。

（修善寺）

べあーど・ぶるわりーがーでん しゅぜんじ

Baird Brewery Gardens Shuzenji

誕生於沼津的Baird Beer釀造場。在3樓啤酒拉霸室除了可享用招牌及季節限定啤酒之外，亦售有啤酒禮盒及印有個性化設計圖案的原創周邊商品。每週六、日及假日會舉辦免費工廠參觀活動（費時約30分鐘）。

☎0558-73-1225 MAP 附錄背面⑩D7
伊豆市大平1052-1 伊豆箱根鐵道修善寺站搭巴士10分，ラフォーレ修善寺入口巴士站步行10分 ⓒ12:00～19:00（週六日、假日為11:00～20:00）休無休 席80 P20輛 ※參觀工廠場次為週六日、假日的12:30～、14:30～、16:30～（¥免費，預約者優先，有空額亦可當天參加）

1 啤酒拉霸室裡陳列一整排可拉出啤酒的啤酒拉霸，半品脫500日圓～

2 來杯桶裝生啤酒，體驗將素材特徵發揮到極致的Baird Beer美味！

3 先從任選3種啤酒的體驗組合800日圓開始點吧

4 修善寺啤酒（Shu zenji Heritage Helles）瓶身標籤是以從露天啤酒吧眺望的景色為設計

5 店內備有伊豆鹿肉乾500日圓等下酒菜，亦可攜帶外食

6 亦有各種四季當季限定啤酒，種類豐富，每瓶售價約450～600日圓

7 本店入口設有相當時髦的招牌。在大自然中啜飲啤酒別有一番風味

8 由態度親切的工作人員帶你參觀工廠，還有機會接觸啤酒花

SCENE
5

@來宮神社

— きのみやじんじゃ —

1

大樟樹木靈及來福甜點是我的“福力泉源♪”

位於神社本殿旁樹齡超過二千年的神木「大樟樹」，是充滿許多軼事與傳說的能量景點，據說只要繞著大樟樹樹幹走一圈，「就能健健康康地度過這一年」或是「壽命延長一年」等。另外也有只要心中許願繞樹幹走一圈，願望就能實現（心想事成）的說法。近年來，有不少訪客將大樟樹視為能實現願望的神木，來此祈求戀愛圓滿或禁酒成功。此外本神社亦舉行夜間點燈，以約160盞燈表現出寄宿在森林中的木靈，可以看到大樟樹及神社境內有別於平時的風貌，不妨在這個充滿幻想的空間大聲地許下心願。

RECOMMENDED BY
來宮神社 副巫女長
田中美彌小姐

於2015年春季就任副巫女長。「以與本神社主神緣份匪淺的祭品『炒麥粉』及『苦橙』所做的“來福甜點”也極具魅力。」

2

3

4

5

6

7

8

9

來宮

きのみやじんじゃ

來宮神社

自古以來受到眾人信仰的熱海鎮守神社。樹齡超過2000年的大樟樹，於昭和8年（1933）成為國家指定天然紀念物，其幹圍23.9m、高約26m，為本州第一巨樹，被視為長生不老、無病無災的象徵。

☎0557-82-2241 MAP 附錄正面①B2
熱海市西山町43-1 JR熱海站搭伊東線2分到來宮站，出站後步行5分 ¥自由參觀，茶寮「報鼓」10:00～16:30 P20輛

1 夜間點燈「Kodama Forest」活動於每天黃昏～23：00左右舉辦

2 朱紅鮮艷的神社本殿。正對本殿往左方道路直走就能看到大樟樹

3 天氣晴朗時，坐在茶寮「報鼓」的露天座位享受閑靜時光

4 在境內的茶寮「報鼓」可品嘗來福甜點與甜酒釀

5 祈求避免飲酒之災的酒難除御守600日圓

6 繞著大樟樹的樹幹走一圈時，向左走、向右走都OK，隨你喜歡！

7 正對本殿，位於右側的是威風凜凜、張口無角的石獅子「阿像」

8 使用炒麥粉製成的來福甜點「迷你心型巧克力磅蛋糕」1個300日圓

9 傚仿結緣之神「大己貴命」的御守800日圓

ANOTHER

繼續看下去

我最愛的

熱愛伊豆的5位旅遊達人在此分享
玩樂方式與精采景點，說不定會發現今後

Q1
SPOT
在伊豆最喜歡的地方是哪裡？

Q2
GOURMET
非吃不可的美食是？

Q3
HOT NOW
現在最受矚目的旅遊主題．景點是什麼？

A1 在中伊豆的山葵田洗滌心靈

沿著山間谷地蔓延開來的是一片相當閑靜的風景，像是筏場的山葵田（MAP附錄背面⑩E8）等。不論是沿著河川綿延不絕的山葵田，或是由堆石所築成的山葵梯田等，都別有一番風趣。（☎0558-83-2636伊豆市觀光協會中伊豆支部）

A2 伊豆也有川床料理

在天城湯島溫泉旅館「水のみち　風のみち　湯ヶ島たった」，你可以坐在旁邊有狩野川流過、手工打造的和式座位上品嘗豐盛的山珍宴席料理！雖然本館採取入住者優先預約制，不過一年四季都能在川床享用晚餐喔。（☎ 0558-85-0511／MAP附錄背面⑩D8）

A3 伊豆高原藝術祭

雖然各地都有舉辦各項藝術活動，不過伊豆高原藝術祭卻是擁有20多年悠久歷史的藝術活動，每年5月在伊豆高原一帶舉行，連個人住宅也能當作展場，相當獨特。（☎0557-53-8533營運委員會）

溫泉與住宿的文字創作者
野添ちかこ小姐

A1 藝術愛好者的集散地伊豆高原的咖啡廳

咖啡專賣店「壺中天の本と珈琲」店內所陳列的美術書籍是店長的個人收藏，並隨時舉辦風格激進的企劃展，藝術祭時期一定要來本店蒐集資訊！（☎0557-53-8406／MAP附錄正面④C3）

A2 擺盤也相當獨特的深海魚料理

平時難得有機會吃到深海魚美食，一定要來此品嘗一番。深海魚的肉質顏色淡白，有別於其奇特的外型，在此可嘗到各種調理法所烹調的美味深海魚料理。9月中旬～5月中旬期間，在土肥、戶田、沼津等地的食堂登場。
（→P123）

A3 認識伊豆特色地質公園之旅

來趟地質公園之旅，探訪土地的形成過程及不可思議的風景。整個伊豆半島就是座地質公園，各地都設有觀光客中心，並舉辦導覽之旅，詳細介紹請上伊豆半島地質公園官網。（http://izugeopark.org/）

編輯．設計．經營手巾店
住麻紀小姐

SCENE♥

其他伊豆風景

更多更深入伊豆的
伊豆之旅的全新魅力與旅遊方式喔！

A1 長約770m且壯觀的吉佐美大濱

下田的海洋不僅水質清澈，連白沙灘也相當美麗，其中最拔類超群的就是吉佐美大濱。在此讓人彷彿身處私人海灘般悠閒放鬆，另外也很推薦在海邊散步。（☎0558-22-1531下田市觀光協會／MAP 附錄正面⑥B4）

A2 整條油炸的炸石狗公

「磯料理 辻（→P95）」是間道地的海鮮料理店，店內亦有多種可輕鬆享用的定食菜單。當地人必點的招牌菜「炸石狗公御膳」1680日圓，將新鮮的石狗公整條下鍋炸得香脆，從魚頭到魚鰭都能享用！

A3 開國・幕末相關景點巡禮

這裡有諸多開國與幕末相關景點，像是佩里小路、海鼠牆建築物以及坂本龍馬相關景點等，讓人感受歷史情懷。我推薦各位可以參加不到一小時的散步之旅，或是跟著解說員一起探訪各景點。

伊豆のせんたんツアーセンター代表理事
增田健太朗先生

A1 在大瀨崎也看得到富士山

大瀨崎是個充滿我學生時代回憶的場所，我在這裡頭一次體會到潛水的樂趣。色彩繽紛的魚兒在水中悠遊的模樣相當漂亮，在未知的景象中開啟全新的世界。（☎055-934-4746沼津市觀光交流課／MAP 附錄背面⑩C6）

A2 一定要品嘗紅燒紅金眼鯛

伊豆的海鮮美食不但新鮮且美味可口，其中個人最推薦的就是紅燒紅金眼鯛。脂肪豐厚的魚肉肉質鬆軟，味道又甜又鹹令人食指大動。在伊東、稻取、下田等地的餐館都可吃得到。（→P62）

A3 沼津港附近的深海魚水族館

看見未知的世界及生物總會讓人興奮又期待，這間以深海為主題的「沼津港深海水族館」有許多從未見過的深海生物，其中罕見的腔棘魚冷凍標本更是值得一見。（☎055-954-0606／MAP 附錄背面⑩C5）

ビール女子編輯部　記者
なな瀬小姐

A1 療癒心靈的「熱海梅園」

熱海有許多規模如同大海般的山丘，山上四季的變換也不容錯過。特別是熱海梅園，名稱上的「梅園」二字讓誤以為只有梅花花季才開放，其實春季的櫻花、夏季的螢火蟲、以及秋季的紅葉祭全都美不勝收，讓人看得渾然忘我。（→P119）

A2 活魚料理「さかや」的角蠑螺咖哩♪

初島港往島上的食堂街直走到底，最裡面的食堂就是「さかや」。含大量飽滿的初島生鮮角蠑螺的角蠑螺咖哩1000日圓，在別處嘗不到的濃厚角蠑螺滋味與口感，真的是頂級美味！（☎0557-67-1473／MAP 附錄背面⑩G6）

A3 帶本御朱印帳作為旅行良伴

你若想參拜伊豆的寺社佛閣，手上請務必拿本御朱印帳。御朱印與御守、御札同樣尊貴，而御朱印帳正是你與諸多寺廟結緣的證明，請務必妥善保存。

來宮神社　副巫女長
田中美彌小姐

Check

從地圖瀏覽伊豆

從哪裡玩起好？ 我的私房旅行

在伊豆半島可欣賞豐富的自然景觀、知名的歷史景點、
品嘗海鮮美食及泡溫泉，安排旅遊行程前請先確認各區域的特徵。

散步區域

P82

松川遊步道上的鋪路石
及路旁的柳樹相當美觀

愉快地漫步在
備受文人喜愛的溫泉街

いとう

伊東

伊東溫泉的湧泉量堪稱關東第一，街道上仍保有昭和初期所建的木造建築，讓人感受到往昔美好的溫泉情懷。還有伴手禮店等諸多商店雲集的商店街。

溫泉區域

P88

位置鄰近海邊
也是本區溫泉的一大魅力

あたがわ・おおかわ・ほっかわ

熱川·大川·北川

熱川是個環山繞海、饒富情趣的溫泉街，也有動物主題樂園。大川與北川是位於海邊的小城鎮，擁有許多臨海的絕景露天浴池。

擁有約140頭鱷魚迎接遊客
的熱川香蕉鱷魚園也在本區

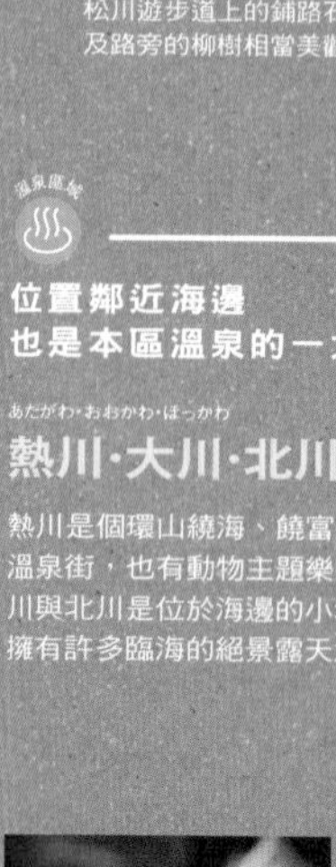

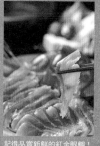

記得品嘗新鮮的紅金眼鯛！

美食區域

P90

這裡有名產紅金眼鯛等
種類豐富的新鮮美味海產

いなとり

稻取

稻取是知名的漁港城鎮，「稻取紅金眼鯛」的漁獲量在國內首屈一指。漁港周遭除了有價格親民的飲食店之外，還有許多講究的住宿設施能享受溫泉及美食。

Check

購物區域

P101

這裡亦有深受各時代文人名士所喜愛的起雲閣等觀光景點

歷史悠久、受到德川家康喜愛的觀光地

あたみ

熱海

伊豆半島是日本東方的玄關，也是國內首屈一指的度假勝地，相當繁榮。站前商店街聚集了各種商店，可盡情享受美食與購物的樂趣，此外這裡也有不少觀光景點。

到熱海陽光海灘散步吧

咖啡廳區域

P84

發展為避暑勝地的高原度假區

いずこうげん

伊豆高原

本區有許多時尚的美術館、咖啡廳及客棧，亦有各種娛樂設施，例如擁有斷崖絕壁的觀光名勝城崎海岸、以360度景觀為賣點的大室山等。

城崎海岸的奇岩形狀令人震撼

觀光區域

P92

2月的河津櫻替河津川沿岸增添色彩

提前綻放的河津櫻與溫泉療癒身心

かわづ

河津

隨著季節變換，在本區能夠欣賞各式各樣色彩繽紛的花，像是2月綻放的河津櫻、康乃馨、花菖蒲等。河津川沿岸亦設有不少不住宿溫泉設施及足湯。

散步區域

P94

境內散佈著訴說日本開國歷史的歷史景點

しもだ

下田

這裡是日本近代化的契機——佩里來航之地，保留不少日本開國相關的名勝地。亦有許多美麗的海灘，可在海景咖啡廳或飯店享受度假村氣氛。

佩里小路上林立著許多風格別具的建築物

mytrip+more!

也有諸多漁港美食及娛樂設施

ぬまづ・みしま

沼津·三島

P122

這裡是西伊豆及中伊豆的玄關，一部份東海道新幹線也會在JR三島站停車。在沼津可以品嘗名產櫻花蝦及海產，而三島也有三嶋大社及鐵線蓮之丘等觀光景點。

欣賞夕陽西沉大海的絕景

にしいず

西伊豆

P128

在本區除了能夠欣賞染紅海岸線的夕陽之美，還能在土肥泡溫泉或是到堂島感受豪爽的自然之美。由於路線巴士的班次少，建議來此自駕兜風。

洋溢文學芬芳的溫泉鄉

あまぎ

天城

P130

天城嶺是諸多小說及電影名作的舞台，而全長約445.5m的舊天城隧道全由石材所建成，充滿幻想氣氛。淨蓮瀑布則獲選為「日本瀑布百選」之一，相當有名。

感受小京都情懷

しゅぜんじ

修善寺

P132

與弘法大師及源氏淵源深厚，也是伊豆最古老的溫泉地。另有歷史名勝遺跡以及獨具風情的和風咖啡廳，可一邊散步，一邊感受本地的多樣面貌。

Listen

須事先了解的基本二三事

我的旅行小指標

以下整理出暢遊伊豆時絕不能錯過的美食、景點以及交通方式等
10個小指標，不妨在安排行程時列入參考喔。

準備出發前…

1 想徹底地逛 最好安排3天2夜

利用週末2天1夜就能玩透東伊豆，只去熱海也能當天來回，若還想到下田走走或是到中伊豆、西伊豆享受大自然，行程最好排3天2夜。由於西伊豆沒有鐵路，因此交通手段以搭巴士或開車為主。

2 最推薦的旅遊季節是櫻花盛開的春季及海水浴開放的夏季

河津櫻及伊豆高原上染井吉野櫻綻放的2～4月、擠滿海水浴旅客的7～8月是最熱門的旅遊季。熱海海上煙火大會一年四季皆有舉辦，每逢開辦時期飯店、旅館都很難預約，這點要特別注意。

主要活動

- 2月上旬～3月上旬…河津櫻花祭
- 3月中旬～4月上旬…伊豆高原櫻花祭
- 4～12月共計13次…熱海海上煙火大會
- 6月1～30日…下田紅金眼鯛祭

3 千萬別錯過泡溫泉！熱海、伊東等地溫泉最有名

各區都有風格迥異的溫泉，例如熱海溫泉是座歷史悠久的名湯，據說德川家康曾到此參訪；到伊東溫泉可以享受一趟單純的公共浴場巡禮。另外還有以可眺望海景的露天浴池大受歡迎的北川溫泉、備有足湯及不住宿浴池等各項設施的下田溫泉等。

伊豆溫泉地的主要泉質

- 熱海溫泉…含鈉、鈣的硫酸鹽泉
- 伊東溫泉…單純溫泉、氯化鈉泉
- 北川溫泉…氯化物泉等
- 下田溫泉…單純溫泉等

4 各區各有豐富多彩的魅力 視旅遊目的選擇旅遊地點

想泡溫泉建議到熱川或北川，到伊豆高原則建議來趟藝術巡禮；在下田既可到歷史悠久的城鎮散步，亦能享受海灘度假村；到修善寺及天城可來趟感受文學氣息之旅，當然你也可以在回程時順道經過伊豆的玄關一熱海。

Listen

抵達伊豆後…

5
熱海或三島是玄關口 搭乘新幹線好便利

從東京搭新幹線最快45分鐘就能抵達往東伊豆的玄關口．熱海，搭スーパービュー踊り子則需1小時20分。若從名古屋方面搭新幹線到西伊豆的玄關口．三島需1小時20分，到熱海則需2小時。

6
除了熱海以外 整體而言路線巴士班次較少

熱海的路線巴士相當便利，也有一天內不限搭乘次數的免費巴士。東伊豆的巴士路線雖經過整備，但整體而言班次較少，配合搭計程車就能更有效率地逛東伊豆。若想到天城及西伊豆走走，亦可考慮租車出遊。

7
到東伊豆看日出 在西伊豆欣賞夕陽

太陽從東伊豆升起，夕陽則沉入西伊豆。在東伊豆的海邊旅館或公共浴池邊泡湯邊欣賞日出，感覺格外不同。而西伊豆到處都有可在海岸欣賞夕陽的景點，最適合自駕兜風時順道前往。

8
度假飯店請選東伊豆 備有完善的SPA及護膚沙龍等設施

熱海～下田一帶聚集各樣規模的住宿設施，從度假飯店到旅館應有盡有。近來以女性顧客為訴求、備有SPA及護膚沙龍住宿方案的旅館也逐漸增多，入住時不妨仔細確認。在伊豆高原也有小型客棧及洋風民宿。

9
鮮度破表的海鮮蓋飯＆壽司 讓人非吃不可

伊豆受惠於大海，來這裡一定要品嘗海鮮料理。在諸多飲食店都能享用以當地鮮魚製成的海鮮蓋飯及壽司等。稻取的紅燒紅金眼鯛及生魚片、下田的伊勢蝦及紅金眼鯛、以及使用特產水果做成的甜點也千萬別錯過。

10
濃縮鮮魚美味精華的魚乾 是最佳伴手禮

海鮮類食品是伊豆伴手禮的不二首選，其中又以魚乾為最。各地都設有魚乾專賣店，像是下田的魚乾橫丁等。其他還有天城名產山葵及溫泉饅頭等，也是不錯的選擇。另外使用下賀茂哈密瓜做成的甜點也值得推薦。

詳細交通資訊請見 P134

Route

不知道該怎麼玩時的好幫手

標準玩樂PLAN

下面介紹2種精選伊豆旅行方案♪路線1是下田2天1夜行，路線2是熱海2天1夜行。
下田可自駕兜風，熱海則可步行閒逛。亦可增加想去的景點，製作自己專屬的行程！

Plan Course1

下田

Start 伊豆急下田站
車程9分
1 ひもの 万宝
車程5分
2 Hana Cafe
搭車即到
3 Sea Shell
（住宿）
4 下田海中水族館
車程6分
5 公路休息站 開国下田みなと
車程5分
Finish 伊豆急下田站

Plan Course2

熱海

Start JR熱海站
步行20分
1 來宮神社
步行14分
2 まさる
步行5分
3 HOTEL MICURAS
（住宿）
4 熱海陽光海灘
步行8分
5 熱海站前平和通・仲見世商店街
步行即到
Finish JR熱海站

第1天

Course1 Start

伊豆急下田站

1 魚乾午餐

下田 P14

ひもの まんぼう
ひもの 万宝

購買伊勢蝦及紅金眼鯛等自家製魚乾，請製作魚乾的專家以眼前的地爐烘烤。用備長炭烘烤過的魚乾吃起來美味加倍！

2 海邊咖啡廳

下田 P52

はな かふぇ
Hana Cafe

在能夠眺望白濱海岸的海邊咖啡廳度過悠閒時光，坐在露天座位或是從店內望著湛藍的水面太入神，不自覺便忘了時間。

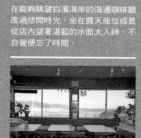

第1天

Course2 Start

JR熱海站

1 能量景點

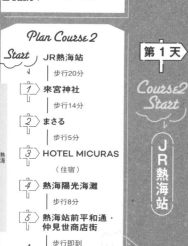

來宮 P18

きのみやじんじゃ
來宮神社

先前往鎮守熱海的神社、自古以來受到眾人虔誠信仰的來宮神社參拜，吸收樹齡超過2000年以上的神木「大樟樹」的能量，好好充電。

2 海鮮午餐

熱海銀座周邊 P108

まさる
まさる

午餐就吃新鮮海產多到快滿出來的豪華海鮮蓋飯！配料有竹筴魚、鮪魚、鮭魚卵及海膽等，份量十足。

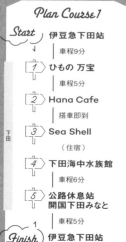

Route

第2天

3 海邊飯店

下田 —— P40

しーしぇる
Sea Shell

從白濱海岸步行一會兒到海景飯店「Sea Shell」辦理入住。這間度假飯店的所有客房都能眺望大海，在此享受伊豆的夜晚。

4 觀賞水族館

下田 —— P94

しもだかいちゅうすいぞくかん
下田海中水族館

翌日前往利用天然海灣地形所建造的海邊水族館觀光，不但能見識到讓人活力充沛的海中夥伴表演秀之外，也能與牠們肢體接觸。

5 購物

下田 —— P68

みちのえき かいこくしもだみなと
公路休息站 開国下田みなと

休息站內不但販賣許多紅金眼鯛加工食品及點心，還有充滿下田特色的伴手禮。這裡也設有餐館、觀光服務處及美術館等各項設施，隨你參觀使用。

Finish

伊豆急下田站

標準玩樂PLAN

第2天

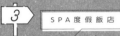

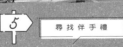

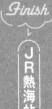

3 SPA度假飯店

熱海銀座周邊 —— P104

ほてる みくらす
HOTEL MICURAS

前往可看到一望無際的沙灘的飯店住宿。館內並提供「Sanacion Spa」指壓按摩療程，讓人身心獲得放鬆。

4 海灘觀光

熱海銀座周邊 —— P116

あたみさんびーち
熱海陽光海灘

隔天早上在飯店前方海灘漫步，除了可聆聽浪濤聲及海風吹拂之外，還能看到小說《金色夜叉》中的男女主角貫一與阿宮像。

5 尋找伴手禮

熱海站周邊 —— P114

あたみえきまえへいわどおり・なかみせしょうてんがい
熱海站前平和通・仲見世商店街

從熱海站前的圓環延伸出2條商店街，在此購買溫泉饅頭、魚乾以及糕點。

Finish

JR熱海站

WELCO

IZ

現在最想一探究竟的

ME TO

U

伊豆觀光

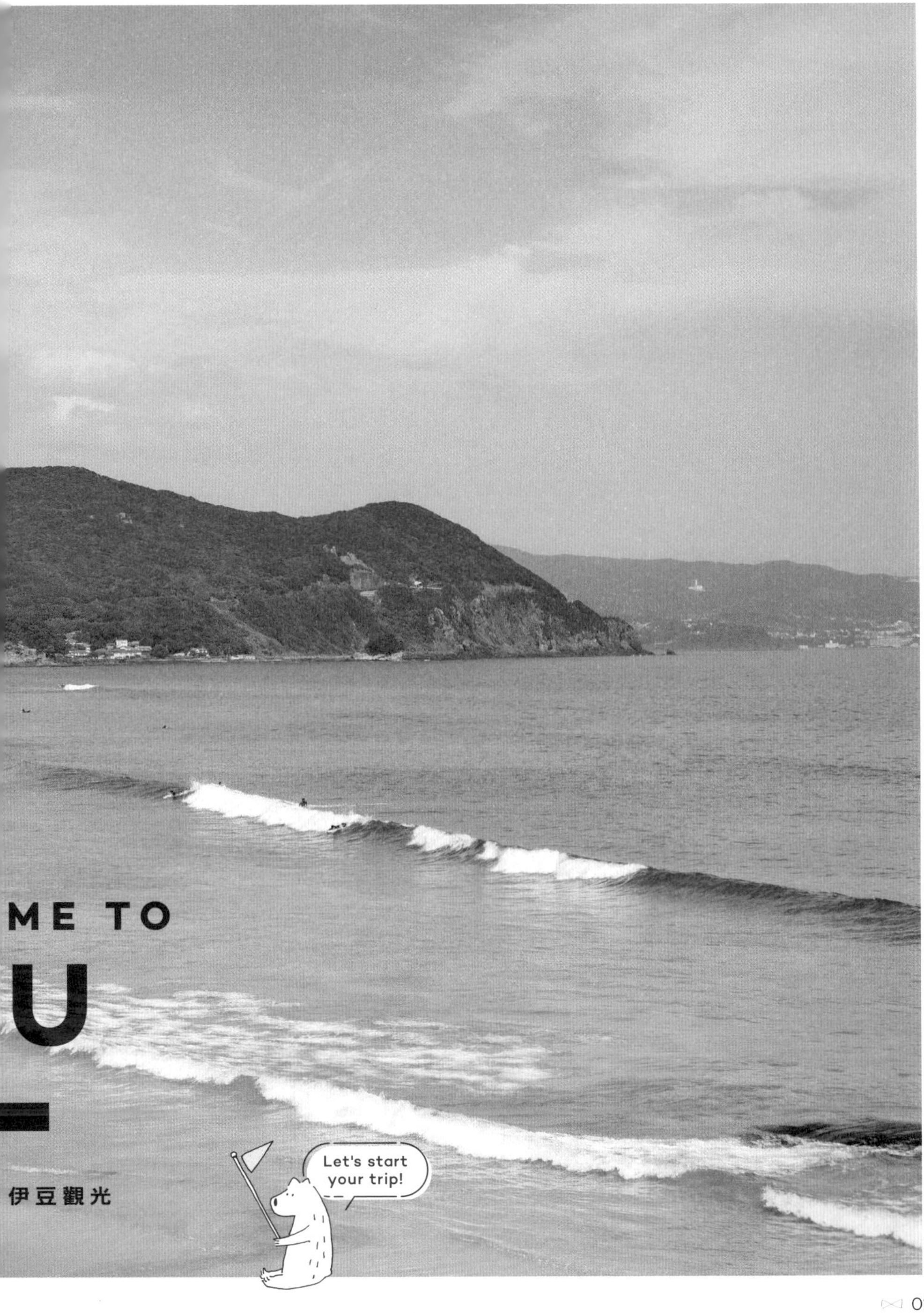
Let's start your trip!

無限寬廣的天空與大海
露天「不住宿溫泉」

伊豆半島東側的伊東到下田一帶到處都有優質溫泉，
在此一邊悠閒地泡湯，一邊欣賞無邊無際的青空與大海，彷彿獲得重生。

COMMENTED BY 清澤奈央 EDITOR

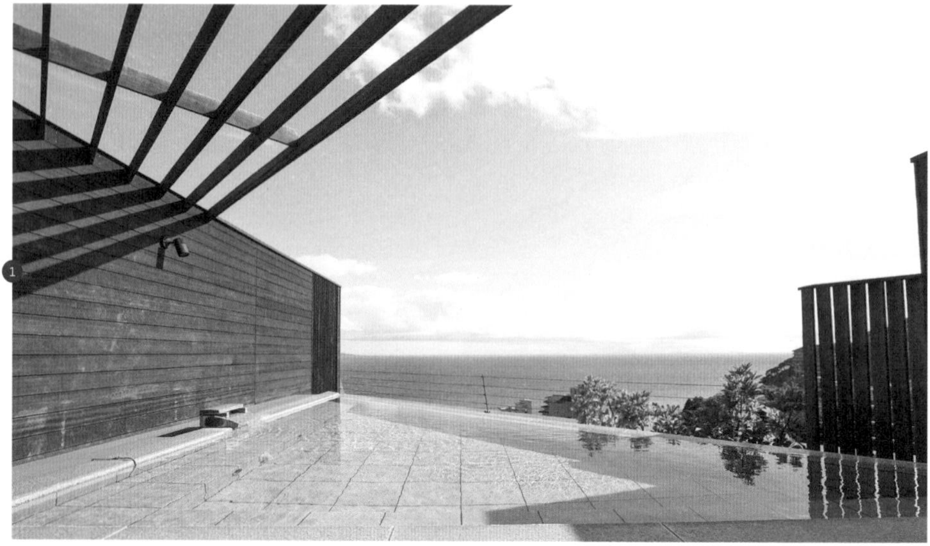

熱川

熱川プリンスホテル

熱川王子酒店

壯觀的海景及奢侈的入浴時間

以隨心所欲享受大自然的「心地浴」為概念，浴湯引自2道自家泉源，除了提供屋頂男女天空露天浴池，體會與天空合為一體的氣氛之外，還有各式各樣的浴槽可供享受。浴湯引自從地下500m處湧出的自家源泉溫泉。

☎0557-23-1234 MAP 正面⑤B2
東伊豆町奈良本1248-3
伊豆急行伊豆熱川站步行10分 Ⓟ50輛

不住宿溫泉時間…15:00～最終受理19:00
休…無休(連續假期、過年期間等旺季需事先洽詢)
¥…1000日圓(附浴巾及毛巾)　浴池…內湯4、露天4、包租2　1泊2食…16200日圓～

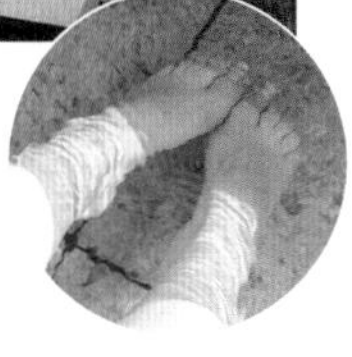

1 屋頂天空露天浴池「薰風」。酒店位於熱川溫泉街的高台，其屋頂極具開放感
2 泡足湯時也能夠欣賞相模灣及伊豆諸島的壯觀景色
3 亦提供到伊豆熱川站的接送巴士服務

PICK UP

Open Sky Both♪

蔚藍的天空
彷彿觸手可及♪

1

薫の湯
Kaoru

2

岩風呂也讓人
身心沉靜～

3

這裡也
看得到魚兒

休息區
也好時尚！

4

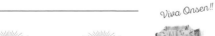

Viva Onsen!!

1

入浴後可到大浴場的女用化妝間補妝，採半包廂設計好貼心

2

這個洋溢著樹葉香的陶製露天浴池有個可愛的名稱，叫做「小鳥之湯」

3

屋頂的天空露天浴池的泉質亦屬於含鈉的硫酸鹽氯化物泉，具有極佳的保溫性♪

4

在開放式屋頂足湯天空露臺設有舒適的沙發座及吧台座位

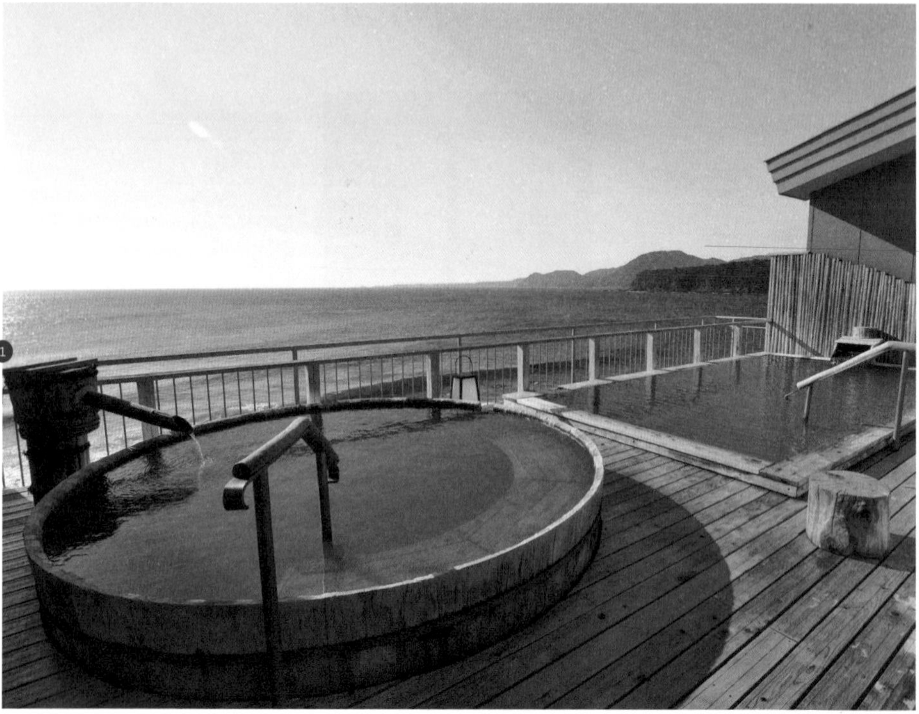

稻取

せのうみ

石花海

眼前的美麗大海就是最棒的款待

可眺望稻取大海全景的露天浴池，使用的是100%自家放流式源泉溫泉。溫泉的泉質屬於含鈣、鈉的氯化物泉，不僅具備極佳的保溫效果，浴湯也不易冷卻。全館均鋪上塌塌米，可赤著腳在館內悠閒度過。

☎0557-95-2231 MAP 正面⑤A4
🏠東伊豆町稻取1604-1 ‼伊豆急行伊豆稻取站車程5分（有接送服務，不需預約）Ⓟ30輛

不住宿溫泉開放時間…7:00～9:30、14:00～20:00 休…無休 ¥…1500日圓 浴池…內湯4、露天4、包租1 1泊2食…19590日圓～

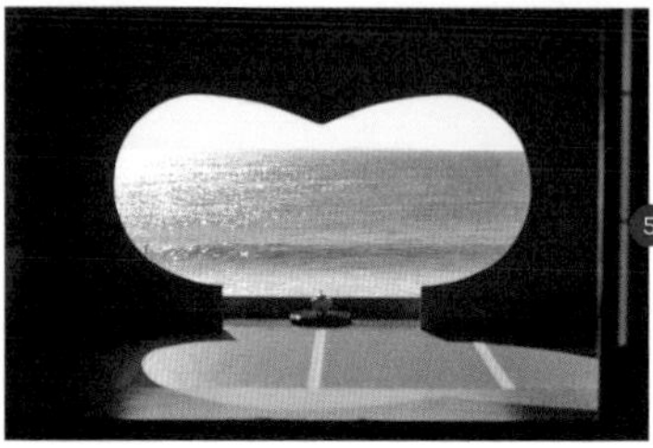

1女用露天浴池「石竹」，可眺望稻取的大海 2備有草帽，下雨時也能泡湯 3泡在浴池中聆聽波浪的拍打聲 4·5旅館入口也別具風情，不住宿溫泉最好選早晨泡湯

大川

うみのやど いずおおかわ

美味の宿 伊豆おおかわ

本館擁有自家源泉，每天都會湧出豐沛的溫泉。可眺望伊豆大島、相模灣及天城連山美景的露天浴池是本館的一大魅力。此外，飯店溫泉具有滋潤肌膚的功效，可免費帶回家。

☎0557-22-0005 MAP正面⑤B2
東伊豆町大川248-1 伊豆急行伊豆大川站即到
P25輛

不住宿溫泉開放時間…15:00～20:00 休…無休(旺季需事先洽詢) ¥…1000日圓(附浴巾及毛巾) 浴池…內湯4、露天4、無包租 1泊2食…18000日圓～

1除了有耀眼陽光照射的露天浴池外，也有展望大浴場 2感覺彷彿浸泡在大海般

稻取

稲取東海ホテル 湯苑

稻取東海飯店 湯苑

源泉引自稻取溫泉，並備有展望露天浴池、洞窟浴池等16種各具特色的浴池，可一邊欣賞海景一邊享受暢快泡湯的樂趣。本館的溫泉相當純淨，是稻取唯一可飲用的溫泉。

☎0557-95-2121 MAP正面⑤A4
東伊豆町稻取1599-1 伊豆急行伊豆稻取站步行20分
P50輛

不住宿溫泉開放時間…14:00～最終受理20:00 休…無休
¥…1300日圓(附浴巾及毛巾)
浴池…內湯4、露天4、包租2 1泊2食…12960日圓～

1還有鋪上塌塌米的泡湯池 2在大浴場「遊遊湯苑」備有各種有趣且多樣化的浴池

熱川

たかいそのゆ

高磯の湯

屬於熱川溫泉的特產——公共露天浴池。位於海岸的浴池相當寬廣，一次可容納20～30名湯客。泉質是含鈉的硫酸鹽氯化物泉，具有舒緩神經痛與肌肉酸痛的功效。

☎0557-23-1505(熱川溫泉觀光協會) MAP正面⑤B2
東伊豆町熱川溫泉 伊豆急行伊豆熱川站步行7分
P無

不住宿溫泉開放時間…9:30～17:00
休…無休(天氣惡劣時不可使用) ¥…600日圓(夏季為700日圓) 浴池…內湯無、露天2、無包租

1設有男女分開的大型露天浴池 2岩風呂的外面就是廣大的熱川海洋

藉著伊豆的溫泉威力讓自己變美麗
在頂級「SPA & STAY」盡享奢華體驗

一邊欣賞美麗的風景，一邊悠閒地泡湯放鬆身體，享受護膚時光。
在嚴選旅館的SPA設施讓身心重生，度過放鬆慵懶的時光。

COMMENTED BY 清澤奈央 EDITOR

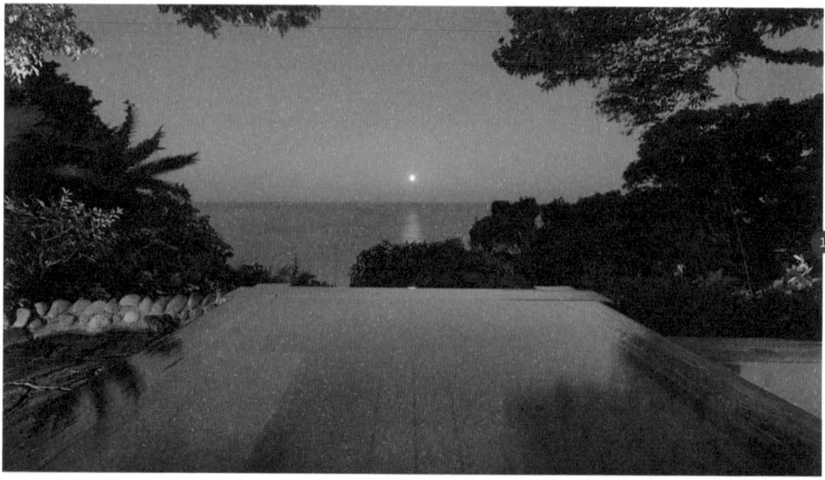

北川

きっしょうかれん きっしょうすぱ

吉祥CAREN的「吉祥SPA」

享受被「海洋」及「山茶花」療癒的時光

這是間隱密的旅館，提供以海洋療法（thalassotherapy）及大島產天然山茶花油療癒身心的服務，非入住者亦可使用，另外法式懷石料理或鐵板燒午餐搭配臉部及頭部按摩課程等附泡溫泉當天來回方案也頗受好評。

☎0557-23-1213（吉祥CAREN） MAP 附錄正面⑤B2
☗東伊豆町奈良本1130 ‼伊豆急行伊豆熱川站車程10分（有接送服務，需洽詢）Ⓟ15輛

🕒…14:00～最終受理23:00
※純入浴者不可使用 休…無休
¥…純泡湯含午餐&SPA 11500日圓～
浴池…內湯2、露天3、無包租

附SPA住宿方案…吉祥CAREN吉祥SPA樂園方案 美Beauty 1泊2食27500日圓～

1 充滿幻想色彩的月之道。從露天浴池及客房也能看到 2 亦設有圖書室 3 大廳休息室的裝潢以紅色象徵山茶花，黃色象徵月光 4 露天浴池「碧海」的晨間景色

PICK UP

Relax Spa ♪

邊欣賞海景邊做
SPA♪

海藻

大島景色從露天
浴池一覽無遺

Fresh!!

Tsubaki Oil ♪

Kissho SPA

這裡也有
山茶花

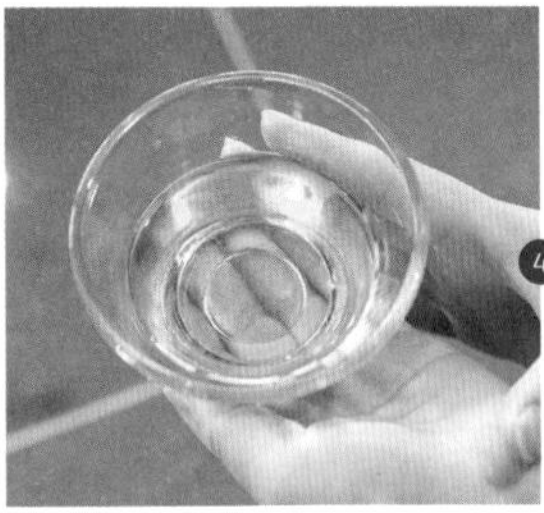

1 可供2名旅客使用的VIP蜜月套房　2 到美容沙龍施術前先泡溫泉暖暖身　3 使用伊豆大島產的山茶花油進行頭部按摩課程深受歡迎，60分鐘10000日圓～　4 使用大量的山茶花油

STAY INFO

きっしょうかれん

吉祥CAREN

本館以自家源泉放流式溫泉及絕佳的視野為賣點，並提供現烤鬆餅下午茶等多樣款待。全館於2013年重新裝潢。

☎0557-23-1213　MAP 附錄正面⑤B2

1泊2食…29160日圓～
IN/OUT…14:00／11:00
客房…30間

1附展望浴池的客房。浴池是以御影石建造，相當寬敞，可享受天然源泉放流式溫泉　2在法式懷石料理餐廳可用筷子享用以當地當令食材做成的各項料理，另外招牌早餐也大受歡迎

1

下田周邊

はなのおもてなし なんらく らくらくあん
花のおもてなし 南楽 らくらく庵

在從古民家移建過來的竹林旅館放鬆身心

館內設有2座大浴場，使用的是3道引自下賀茂溫泉令人自豪的源泉，另外還設有10間共計17種包租浴池。你也可以在溫泉與整體融合的東洋式舒壓館「らくらく庵」享受使用伊豆大島產生山茶花油所進行之奢侈療程。

☎0558-62-0171(代) MAP 附錄正面⑥A4 ☗南伊豆町下賀茂130-1 伊豆急行伊豆急下田站車程18分(有接送服務，需洽詢) P66輛
🕒…15:00～21:00(らくらく庵)，入浴16:00～20:00 ※週六日、假日及旺季均需洽詢)
休…不定休(需洽詢)
¥…大人1500日圓～
浴池…內湯2、露天2、包租10

2

3

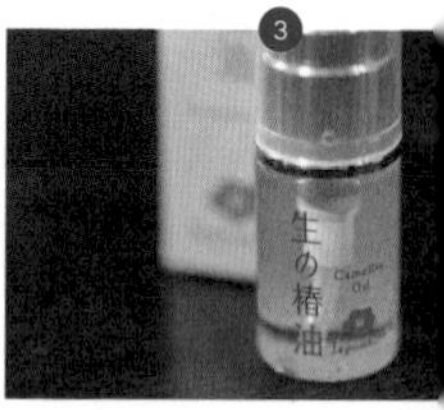

4

1 在和式空間可享受芳療整體課程，40分鐘6480日圓～等 2 在露天浴池設有5個單人用瓶浴池 3 使用頂級有機山茶花油進行美體療程
4 被竹林圍繞的檜浴池也別具風情

PICK UP

Relax Spa♪

1

2

3

1 將自源泉湧出的溫泉在製鹽場連續煮3天，就能完成自家製溫泉鹽　2 館內的伴手禮店也能買得到溫泉鹽　3 亦設有飲泉處，可調整腸胃狀況

STAY INFO

はなのおもてなし なんらく
花のおもてなし 南楽

位於自然環境豐富的南伊豆鄉里的休閒溫泉旅館，晚餐可品嘗使用南伊豆的山珍海味等食材做成的鄉土料理。

☎0558-62-0171　MAP 附錄正面⑥A4

1泊2食…23000日圓～
IN/OUT…14:00／11:00
客房…39間

1

2

1 以鋪設玉石為特徵的室內浴池「湯治之湯」　2 可品嘗使用大量伊勢蝦及紅金眼鯛等新鮮海味所做的鄉土料理，料理所使用的是本館自製的溫泉鹽

1

2

3

4

伊豆高原周邊

あかざわひがえりおんせんかん

赤沢日帰り温泉館

追求美、健康與療癒的設施

位於赤澤溫泉鄉，是化妝品公司DHC旗下的設施，以可眺望太平洋的良好地理位置、大海近在眼前且極具開放感的展望露天浴池為特色。而位於別棟建築的「赤澤SPA」使用海藻、海泥進行美容護理課程，也深受歡迎。

☎0557-53-2617 MAP 附錄正面⑤B1
伊東市赤沢浮山170-2
伊豆急行伊豆高原站車程15分（有接送服務，不需預約） Ⓟ160輛

…10:00～22:00（週六日、假日及旺季為9:00～，最終受理為結束前1小時）
…不定休（需洽詢）
…成人 1230日圓（週六日、假日及旺季為1640日圓）
浴池…內湯2、露天2、包租4

5

1 寬25m的露天浴池，可享受浴池與海面合為一體的整體感 2 位於4樓的內湯是以赤澤的赤石所建造，充滿田園風味 3 使用DHC特製入浴劑的DHC之湯 4 亦有不住宿溫泉專用的附露天浴池包廂 5 4樓也設有以赤石裝飾、寬20m的展望露天浴池

Relax Spa♪

1 在DHC全身美容沙龍「花の部屋」，使用DHC化妝品進行基礎護理課程大受歡迎，60分鐘7097日圓
2 備有約100個座位、可眺望美麗海景的餐廳，推薦餐點是炸牡蠣蓋飯1188日圓

STAY INFO

あかざわおんせんほてる
赤沢温泉ホテル

客房種類包括洋房、和室、和式洋房、附露天浴池房等，旅客亦可在登記入住或退房前後免費使用不住宿溫泉館。

☎0557-53-4890 MAP 附錄正面⑤B1

1泊2食…17995日圓～
IN/OUT…15:00／11:00
客房…77間

1 溫泉的泉水量豐沛，可一邊欣賞太平洋與天城連山美景，一邊享受放鬆時光。入浴時間從清晨5：00到深夜1點為止 2 照片中為標準和式洋房。此外，附露天浴池的和式洋房也相當受歡迎

邂逅大海及朝陽
前往海景溫泉住宿

沐浴在從水平線探出頭來的朝陽下，在客房眺望大海稍作放鬆。
浸泡在暖呼呼的溫泉裡讓人格外感動，覺得“來這裡真是太好了～♪”

COMMENTED BY 清澤奈央 EDITOR

下田

しーしぇる

Sea Shell

走到海灘，隱密的度假飯店近在眼前

2014年重新裝潢，充滿度假村氣氛的各種主題客房隆重登場。全館都是海景客房，可欣賞白濱海岸的美景，夏季還能在泳池玩水。河津櫻花季時，亦提供專車往返會場及飯店接送服務（免費，需預約）。

☎0558-27-0107 MAP附錄正面⑥C3
下田市白浜1755 伊豆急行伊豆急下田站車程12分(接送服務需在訂房時預約) Ⓟ15輛

1泊2食…10800日圓～
IN/OUT…15:00／11:00(夏季為10:00) 客房…8間
浴池…內湯2、無露天・包租

1 以希臘的聖托里尼島為主題的蜜月套房(19440日圓～)「Santorini」 2 每間客房都能夠眺望白濱海岸的景色 3 能感受海風吹拂的客房 4 飯店的招牌美味，由料理長精心製作 5 飯店入口附近的庭院內有鯉魚悠遊在池塘中

PICK UP

Just Relax♪

泳池的磁磚
好時尚♪

1

2
細膩的擺盤
讓人著迷

3
彷彿身處
異國一樣♪

還有大理石的
溫泉浴池喔！
4

Cute!!

1

可眺望白濱海岸景色的半露天溫泉浴池，以義大利西西里島為概念的磁磚也相當可愛

2

使用當天捕獲的當地鮮魚與新鮮蔬菜做出和洋折衷的全餐料理

3

洗臉台的內側設有半露天溫泉浴池，氣候溫暖時期可將門全都打開入浴，視野絕佳

4

設有男用及女用大浴場，使用引自蓮台寺溫泉的源泉放流式溫泉，可在此悠閒泡湯

下田

はまべのやど とうてい
浜辺の宿 濤亭

位於入田濱海岸鮮為人知的秘密旅館

全館僅有13間客房，是間幽僻的隱密旅館。所有客房都能眺望全白的沙灘及清澈湛藍的大海，館內的溫泉分成高格調的檜木大浴場及露天浴池2種，24小時都可使用。品嘗堅持使用伊豆半島產新鮮食材做成的宴席料理也是一大享受。

☎0558-22-3450 MAP 附錄正面⑥B3
下田市吉佐美348-7 伊豆急行伊豆急下田站車程8分（伊豆急下田站有接送服務，需預約）P26輛

1泊2食…24990日圓～
IN/OUT…15:00／11:00
客房…13間
浴池…內湯2、露天1、無包租

1 靠海濱的客房　2 古代檜木製的室內浴池　3 使用當地產食材所做的宴席料理，每月更換菜單　4 坐在窗邊，悠閒地眺望從海邊升起的朝陽（10月下旬～2月中旬）　5 玄關正前方鋪有白色的沙灘

PICK UP

稻取

稲取銀水荘

稻取銀水莊

全館所有客房都能聽到磅礴的浪濤聲，伊豆諸島的景色一覽無遺。極具開放感的露天浴池使用的是自家源泉的弱鹼性氯化物泉，可邊泡湯邊眺望相模灣。

☎0557-95-2211 MAP 附錄正面⑤A4
東伊豆町稻取1624-1 伊豆急行伊豆稻取站步行20分（伊豆稻取站有接送服務） Ⓟ100輛

1泊2食…23760日圓～
IN/OUT…14:00／10:00
客房…114間　浴池…內湯2、露天2、無包租

1 館內房間均為海景客房
2 9、10樓均附展望露天浴池

稻取

たべるおやど はまのゆ

食べるお宿 浜の湯

自創業以來一直秉持「美食旅館」的理念，提供旅客種類豐富的伊豆海鮮料理。位於稻取岬尖端，所有客房都能欣賞到美麗的海景。館內並設有大浴場、足湯、包租浴池等各式各樣的浴池。

☎0557-95-2151 MAP 附錄正面⑤A4
東伊豆町稻取1017 伊豆急行伊豆稻取站車程5分（伊豆稻取站有接送服務，需預約） Ⓟ50輛

1泊2食…26070日圓～
IN/OUT…15:00／11:00
客房…50間　浴池…內湯2、露天2、包租6

1 盛滿當季鮮魚製成的生魚片　2 在屋頂的望洋大浴場眺望浩瀚的大海

河津

伊豆今井浜東急ホテル

東急伊豆今井濱度假飯店

庭院一直延伸到今井濱海岸的海邊飯店。靠海岸的客房全都附有陽台，可聽到令人心曠神怡的浪濤聲。夜晚可泡在露天浴池裡，一邊抬頭仰望滿天星空，一邊享受泡湯的樂趣。

☎0558-32-0109 MAP 附錄正面⑥C2
河津町見高今井35-1 伊豆急行今井濱海岸站即到（河津站有接送服務） Ⓟ 93輛

1泊2食…13500日圓～
IN/OUT…15:00／11:00
客房…134間　浴池…內湯2、露天2、無包租

1 從陽台看到的耀眼朝陽　2 設置加大雙人床的雙床房

1泊2食、1泊附早餐、純住宿的價格均為2人1房時每人所需費用。單人房、雙床房的價格均為一個房間所需費用。

感受爽朗的海風
在下田的海灘體驗早晨瑜伽

大海所帶來的徐徐海風與空氣富含大量的礦物質，
不妨一起來感受海風帶來的恩惠，在海邊體驗放鬆療法吧。

COMMENTED BY 清澤奈央 EDITOR

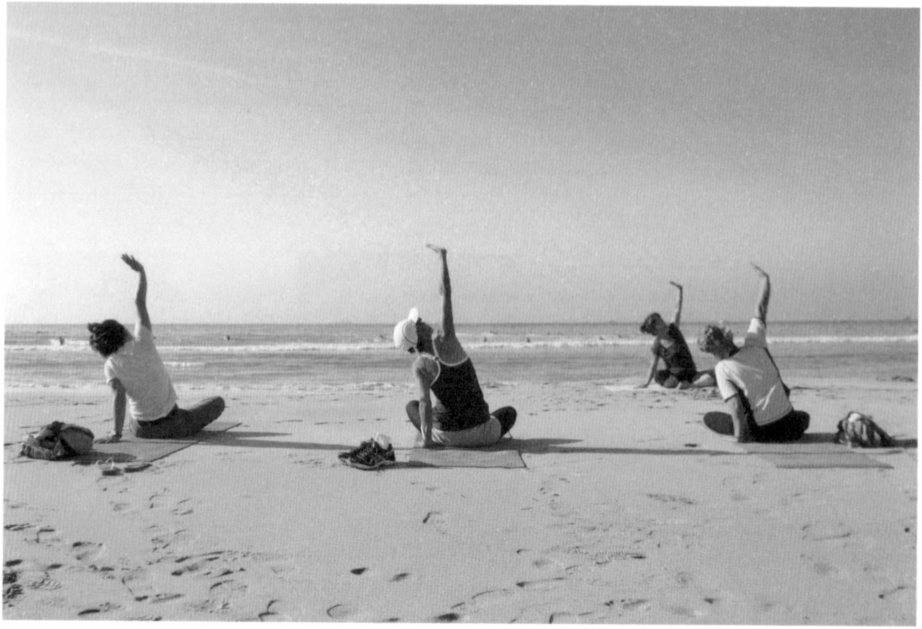

一邊感受自然的海風、聆聽海浪聲，一邊做瑜伽，不僅能讓身心放鬆，在極具開放感的海灘運動也能大幅提昇舒壓效果

下田

しもだ びーちよがたいけん

下田海灘瑜伽體驗

體驗時間約 60分

調整身體平衡的 海邊瑜伽療法

這是以下田為據點推動各項活動的「伊豆のせんたんツアーセンター」所舉辦的海灘瑜伽課程。主要於週末舉辦，是盛行海洋浴的下田特有的活動。在美麗的自然環境中，一邊讓身體充分吸收大地的能量及海風，一邊體驗瑜伽療法。做完瑜伽後，再到下田的溫泉泡湯，讓身心療癒放鬆吧。

☎0558-23-7577
（伊豆のせんたんツアーセンター）
下田市吉佐美 多々戸浜海水浴場
伊豆急行伊豆急下田站車程7分
Ⓟ129輛（游泳期間1天1500日圓～）

體驗DATA

期間 7～9月及10～12月的週六日、假日（不定期實施，需洽詢）
集合地點 多多戸濱海水浴場中央附近（MAP 附錄正面⑥B3）
¥ 1500日圓
6:30～7:30（7～9月）、10:00～11:00（10～12月）
休 雨天取消
攜帶物品 毛巾、水等 ※免費出借瑜伽墊
預約 需在參加日前2天的16:00以前預約

能促進內臟活化、強化腰部與腿部肌肉的「側角伸展式」

LET'S TRY "BEACH YOGA"

①
「單腿交換伸展式」是坐位體前屈的一種，先彎曲其中一腳膝蓋再做前屈動作，身體必須保持脊椎筆直的姿勢再向前彎。這個動作可恢復腿部與腰部的疲勞，改善手腳冰冷的症狀。坐在沙灘上做這個動作會感到特別舒服

②
多多戶濱是海灘瑜伽的會場，也是衝浪客之間相當有名的海灘。一年四季都能看到在美麗的沙灘上鋪上沙灘墊做海洋浴的遊客。海灘瑜伽的名額限制為20名，也接受1人報名

③
體驗課程的內容由瑜伽教練鈴木老師根據當天的天候及參加者的狀況做調整，有時亦接受學生要求，不妨跟教練商量看看。做完瑜伽後最好再泡個溫泉，慢慢地暖和身體

①

②

③

CHECK

海灘瑜伽必備道具

只要穿著方便活動的服裝就能進行海灘瑜伽。

下面介紹體驗海灘瑜伽的必備道具！

瑜伽墊

現場提供免費出借服務

沒有攜帶瑜伽墊也沒問題！現場亦提供免費出借服務。使用的是沙灘專用較厚的瑜伽墊

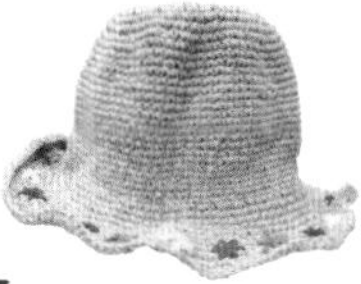

帽子

想擊退紫外線的人必備物品

在沒有任何遮蔽物的沙灘上，會直接受到陽光及紫外線的照射。秋冬的陽光也很強烈，有頂帽子會相當方便

瑜伽教練

鈴木こなみ小姐

居住於伊豆下田，為「Studio My」主辦、經印度政府認定的瑜伽教練．療法士、美國瑜伽聯盟（Yoga Alliance）教練、腸道治療師。除了在其主辦的瑜伽學校及教室之外，亦在海灘教授瑜伽。

前往以溫泉水自豪的
奧下田祕湯獨棟旅館

強鹼性的觀音溫泉是有名的美肌之湯，運用其功效製成的化妝品及飲泉水也頗受好評。
請來此享受可泡湯、可飲用、亦可食用的頂級泉質吧。

COMMENTED BY 菊池共 EDITOR

1 

下田周邊

かんのんおんせん

觀音溫泉

可供飲用的自家源泉放流式溫泉旅館

在山間廣大的建地裡，設有全客房附設露天浴池的「Pygmalion」等4種旅館。旅客可在館內的大浴場及露天浴池享受pH9.5的強鹼性單純泉。此外，溫泉水亦可用於料理及其他各項用途。

☎0558-28-1234 MAP 附錄正面⑥B2
下田市横川1092-1 伊豆急行伊豆急下田站車程25分（有接送服務，需預約） P50輛

1泊2食…10950日圓～ IN/OUT…15:00/10:00
客房…55間 浴池…內湯6、露天4
不住宿溫泉時間…10:30～18:00(觀音PRINCIPLE)
不住宿溫泉費用…1300日圓(週六日、假日1500日圓)

2 

3 

4 

1 入住者專用的「GALATIA」浴場設有露天浴池及室內檜木浴池，使用的當然也是自家源泉放流式溫泉 2 建造於里山的祕湯旅館 3 「Pygmalion」客房全都附設源泉放流式的露天浴池 4 本館內設有大廳及商店

SELECT GOODS OF "ONSEN WATER"

左**保溼精華液**40ml 2880日圓
中**HYDRO EMOLLIENT乳液**40ml 4937日圓
右**HYDRO CHARGE化妝水**200ml 2880日圓

添加觀音溫泉鹼性源泉水的化妝品系列，靠美肌之湯的力量常保肌膚水嫩

水晶洗面皂
822日圓

添加溫泉水，洗完臉後能維持肌膚滋潤

喝的溫泉觀音溫泉瓶裝水
350ml 140日圓～

據說有改善身體狀況功效的飲泉水

泉源梅乾
400g 800日圓～

梅子洗淨後使用溫泉水製成梅乾，是老闆娘的得意之作

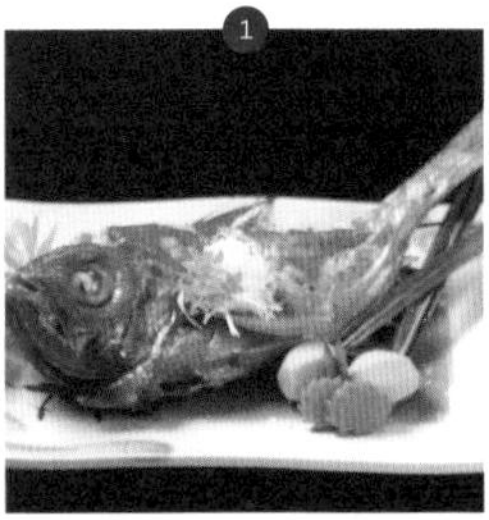

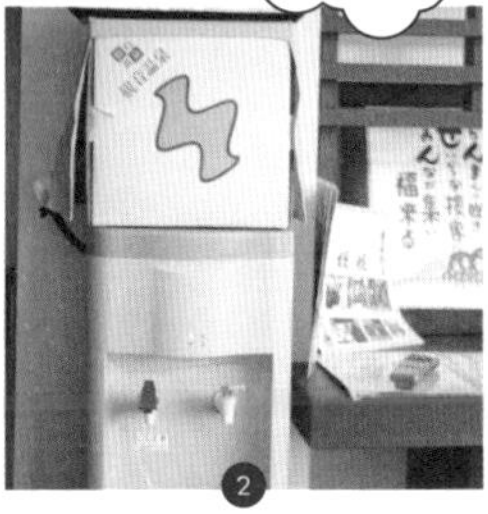

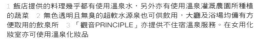

1 飯店提供的料理幾乎都有使用溫泉水，另外亦有使用溫泉灌溉農園所種植的蔬菜　2 無色透明且無臭的超軟水源泉也可供飲用，大廳及浴場均備有方便取用的飲泉所　3 「觀音PRINCIPLE」亦提供不住宿溫泉服務。在女用化妝室亦可使用溫泉化妝品

將旅行One Scene融入生活

PUBLIC BATH

在伊豆半島不但能享受各地各具特色的泡湯樂趣，溫泉設施的形式也五花八門，從樸素的公共浴場到設備完善的不住宿溫泉設施，應有盡有。其中最推薦的就是古早的公共浴場，不但費用便宜，亦可隨意使用。下面介紹4間伊豆的公共浴場，這些公共浴場不僅具備獨特的浴室建築及內部裝潢，還能感受到古老的往日情懷。在當地居民或鄉鎮市所管理的公共浴場，一定要遵守規矩，以免造成平時使用者們的困擾。另外有些公共浴場亦有提供毛巾及肥皂等，最好事先確認。

POINT 1

復古的磁磚浴池

從地板到牆壁均鋪上磁磚，由本地出身的雕刻師森田東光作所雕刻的雕像也是本館一大特徵，大浴場擺放的是唐獅子像，小浴場擺的則是章魚像，並從噴水口噴出單純溫泉

とうかいかん

東海館

伊豆溫泉

原是昭和3年（1928）開業的溫泉旅館，後來經過保存、修復，盡可能維持當年不少文豪們來訪時的模樣，因此可欣賞本館當年旅館時代的風貌。開放時間為每週六日、假日的11：00～19：00，只要500日圓即可入浴，是當地人的休息場所。（→P75）

POINT 2

確認輪替時間

館內設有大小2個浴場，採定時男女輪流泡湯制。大浴場的男性泡湯時間為11：00～12：45、15：00～16：45，女性泡湯時間為13：00～14：45、17：00～19：00；小浴場時間表則與大浴場相反

わだじゅろうじんのゆ

和田寿老人の湯

伊東溫泉

為伊東溫泉最古老的公共浴場。入口祭祀有七福神石像，亦可享受「七福神之湯」巡禮的樂趣。其周邊也四處可見維持傳統泡湯費用低廉的溫泉公共浴場。

☎0557-37-0633 MAP 附錄正面③B2
伊東市竹の内2-7-24 JR伊東站步行12分
¥入浴300日圓 14:30～22:30
休週三（偶數月有連休）P12輛

POINT

將浴槽設置於中央為伊東式風格。這裡的溫泉以曾榮獲征夷大將軍汲取浴湯而聞名，屬於單純溫泉，具有治療風濕及神經痛的功效

しょうわゆ

昭和湯

蓮台寺溫泉

下田唯一殘留的公共浴場，維持古早在入口處設有番台的建築，浴室內僅設有鋪磁磚的浴槽及盥洗區的水龍頭。是市中心內難得一見使用蓮台寺溫泉的浴場，泉質屬於無色透明的單純溫泉。

☎0558-23-0739 MAP 附錄正面⑦B3
下田市3-5-11 伊豆急行伊豆急下田站步行13分 ¥入浴400日圓 9:00～20:30 休10·25日（逢週六日、假日則翌平日補休）P6輛

POINT

其特徵為極具下田風格的海鼠牆建築，館內的鞋櫃、番台、浴場配置等裝潢仍保有令人懷念的昭和氣氛

みなとゆ

みなと湯

弓濱溫泉

為鄰接白濱的弓濱之町營公共浴場。其復古風格的木造建築外觀，繼承了往昔錢湯的復古情懷。海水浴開放時期使用者眾多，館內充滿著和樂融融的氣氛。

☎0558-62-0390 MAP 附錄正面⑥B4
南伊豆町湊972 伊豆急行伊豆急下田站車程17分 ¥入浴400日圓 14:00～20:00（受理到～19:20）休週二（逢假日則翌日休）P15輛

POINT

浴室採可眺望中庭的日光室設計，浴槽內鋪上磁磚，並加上木製邊框。牆壁上飾有少見的浴場浮雕

GOURMET GUIDE

邊聆聽海浪聲
在海邊咖啡廳度過悠閒的1小時

陣陣波浪與大海的氣息，現在大自然就是我的私人空間。
忘掉匆忙的日常生活，盡情享受這奢侈的一刻。

COMMENTED BY 清澤奈央 EDITOR

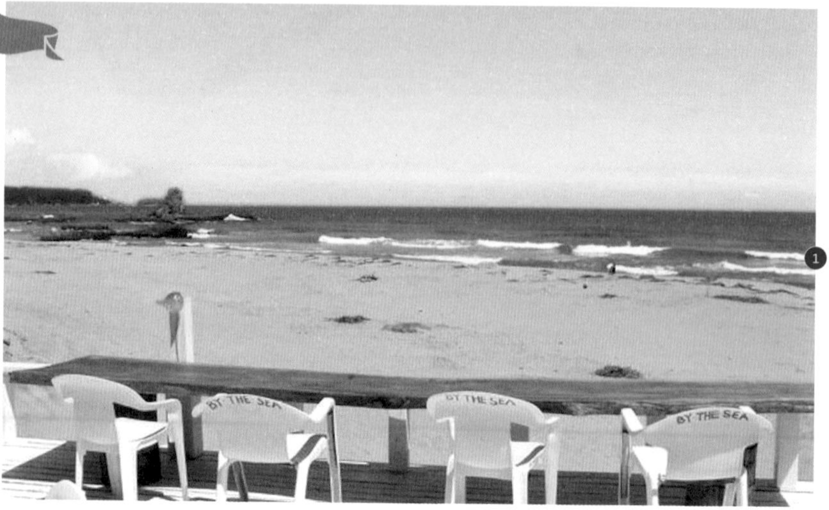

下田

ばいざしー

BY-THE-SEA

專屬於熱愛大海的人們
隱密的海灘咖啡廳

這是間可攜帶寵物住宿的狗狗度假飯店，飯店前方就是吉佐美海灘。館內設有4間咖啡廳＆餐廳以及BAR，非入住者也能來此消費。備受歡迎、可眺望大海美景的海灘咖啡廳只在7、8月營業，不僅提供酒精類飲料，事先預約還能享受當地食材的BBQ。

SHOP DATA

☎0558-22-1555 MAP 附錄正面⑥B3
下田市吉佐美2248-2 伊豆急行伊豆急下田站車程10分 海灘咖啡廳10:00～18:00（7・8月營業）、洞窟BAR18:00～24:00（6～10月不定期營業） 休不定休 席20 P20輛

1 正對大海的吧台座位是最棒的特等席
2 夕陽西下後，開放式甲板搖身一變變成BAR
3 BBQ每人5000日圓～（烤肉台使用費另付）即可享用

HAVE A NICE TIME

1

2

3

4

1

一邊撿拾掉落在沙灘上的貝殼一邊向前走，不知不覺就走到海灘了

2

亦備有特製海鮮咖哩（價格需洽詢）等，餐點種類豐富

3

清澈見底的大海，彷彿一伸手就能觸碰到在海裡悠遊的魚兒

4

就連天空逐漸染橘的美麗景色也能在此一人獨占

GOURMET GUIDE

1 顧客群遍及衝浪客及當地常客，這裡是常客們的特等席 2 從窗口所看到的白濱海岸的海浪，在夏季及冬季各有不同的面貌 3 被蘆薈花圍繞的長椅充滿南國氣氛 4 夏威夷式米飯漢堡850日圓＆芒果汁400日圓

下田

はなかふぇ

Hana Cafe

白濱海岸美景近在眼前的夏威夷風咖啡廳

可眺望白濱海岸的海景咖啡廳，另設有可感受海風吹拂、讓人心曠神怡的露天咖啡座。推薦餐點是自家製炒麵糊與菠菜超級對味的卜派咖哩650日圓，還有夏威夷式米飯漢堡及新鮮果汁。店內亦設置衝浪店與夏威夷式雜貨店。

SHOP DATA

☎0558-22-6002
MAP 附錄正面⑥C3
下田市白浜2752-16 伊豆急行伊豆急下田站車程9分
9:30～20:30LO 休無休 席22
P25輛

1 漂浮在海面的船就在眼前　2 使用東伊豆町大川產無農藥紅茶所泡的蜂蜜奶茶500日圓，以及用豆渣與米粉所做的巧克力蛋糕400日圓

伊豆高原

おーがにっくかふぇ えむに

Organic Cafe M2

一望無際的相模灣大海近在眼前，除了湛藍的大海之外，還能看到美麗的夕陽。料理所使用的是當地產及有機食材，提供完全不使用奶肉類及白糖、不對身體造成負擔的長壽飲食。

☎090-9173-7018　MAP 附錄正面⑤B1
住 伊東市赤沢24-2　交 伊豆急行伊豆高原站車程7分
時 11:00～16:00（夜間採預約制）休 週二、三　席 22（桌位）P 5輛

下田

さにー さいど こーひー しょっぷ

Sunny Side Coffee Shop

能眺望吉佐美大濱的美景，內部裝潢為使用日本扁柏所建的小木屋式建築，也有不少外國旅客蒞臨此店。店內提供多達約50種咖啡廳餐點，從輕食午餐到大份量餐點應有盡有。可攜帶寵物。

☎0558-23-0192　MAP 附錄正面⑥B4
住 下田市吉佐美1901　交 伊豆急行伊豆急下田站車程10分　時 11:00～20:30LO　休 週三、第4週二（8月無休）席 50　P 夏季4輛（夏季以外約10輛）

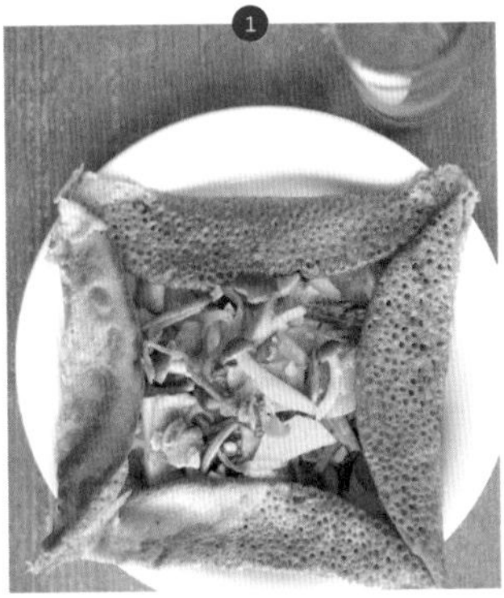

1 煎培根與馬鈴薯法式烘餅900日圓，是人氣午餐餐點之一
2 從木製甲板看出去，吉佐美海灘近在眼前

1 坐在露天座位可俯瞰寧靜的入江川奈港　2 暖洋洋的天氣一定要在外頭品嘗甜度適中的俄羅斯風冰淇淋600日圓

伊東

てぃー るーむ あかいやね

Tea Room赤いやね

這間咖啡廳設有可眺望川奈港的高台，紅色屋頂是本店的標誌。天氣晴朗時，還能看到遠方的三浦半島。連麵團也是自家製的特製披薩1050日圓，甚至有不少饕客從大老遠跑來品嘗。

☎0557-45-2070　MAP 附錄背面⑩G7
住 伊東市川奈1327-11　交 伊豆急行川奈站步行10分
時 9:00～18:00　休 週三、四
席 20　P 7輛

GOURMET GUIDE

品嘗伊豆的甜美水果！
下田的頂級甜點咖啡廳

氣候溫暖的伊豆是草莓、橘子、哈密瓜、奇異果等甜美水果的產地。
大口品嘗使用色彩鮮艷水果做成的頂級甜點，讓身心獲得慰藉。

COMMENTED BY 秋山真由美 WRITER

下田

ぱてぃすりー けせらせら

Patisserie Que sera sera

由一對曾在東京自由之丘的甜點店「Mont St Clair」鑽研甜點的夫妻所經營的人氣蛋糕工坊，有不少顧客大老遠來此光顧。蛋糕櫃內陳列著使用草莓及栗子等季節水果所做成的美麗蛋糕及烤點心。蘋果派一出爐就全數售罄，最好事先預約。

☎0558-25-6720 MAP 附錄正面⑦A1
下田市敷根3-40 伊豆急行伊豆急下田站即到
10:00～19:00 休 週二（逢假日則翌日休） 席 10
P 6輛

1

2

3

1 特製法式千層派450日圓（左）與季節限定的草莓塔450日圓（右） 2 蘋果派380日圓，每日12：00出爐 3 白堊岩製的南歐風建築物

下田

わようすうぃーつかふぇ おうぎやせいか

和洋スウィーツカフェ扇屋製菓

南伊豆盛產以溫泉熱栽種的哈密瓜。88年來，這間深受當地人愛顧的甜點老店使用最高級溫泉哈密瓜製作出各式各樣和洋甜點。來此可以品嘗到當地特有的奢侈美味，像是本店招牌產品哈密瓜最中餅以及第四代店主所研發的哈密瓜瑞士捲等。

☎0558-62-0061 MAP 附錄正面⑥A4
南伊豆町下賀茂168-1 伊豆急行伊豆急下田站搭東海巴士23分，日詰巴士站即到 8:30～18:00 休 週三（有變動，需洽詢） 席 18 P 5輛

1

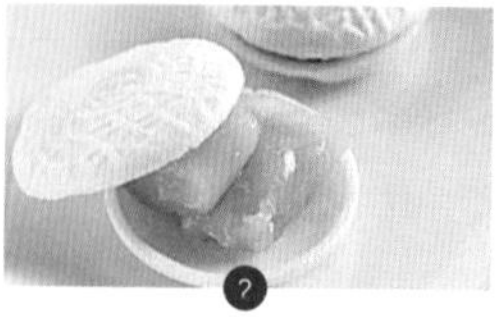
2

3

1 哈密瓜塔432日圓（左），能品嘗芳醇甜美的哈密瓜，以及哈密瓜瑞士捲378日圓（右） 2 可品嘗富含果汁的內餡以及酥脆餅皮口感的哈密瓜最中餅864日圓（5入裝） 3 店內設有咖啡廳區

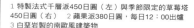

下田

ふぉんてーぬ
FONTAINE

本店的實力堅強，最受歡迎的商品是使用甜度適中的北海道產鮮奶油所做的水果瑞士捲，亦推出使用下田產紅頰草莓製成的草莓塔、河津產藍莓製成的生乳酪塔等季節限定甜點。在紅色為基調的時尚咖啡廳內，度過優雅的時光。

☎0558-25-5800 MAP 附錄正面⑥B3
下田市吉佐美1469-1 伊豆急行伊豆急下田站搭東海巴士12分，金原車庫巴士站下車即到 10:00～18:00LO 休無休 席20 P10輛

1 人氣商品水果瑞士捲470日圓 2 季節限定的無花果蘋果塔400日圓 3 天氣晴朗時，露天座位是特等席 4 店名「FONTAINE」在法語中意指泉水

再玩遠一些 到這裡瞧瞧!!

伊豆國周邊

れもん とりー
Lemon Tree

本店採木屋風格建築，是間擁有翠綠花園又優雅的咖啡餐廳。店內菜單種類也相當豐富，除了使用店面前方的自家農園栽種的無農藥蔬菜及香草所做的健康料理之外，還有使用當地採收的水果及優質食材所做的蛋糕等。

☎0558-76-2723 MAP 附錄背面⑩D7
伊豆の国市吉田126 伊豆箱根鐵道修善寺站轉搭駿豆線6分，大仁站步行8分 11:00～17:00(LO16:00) 休週一不定休 席40 P15輛

1 2樓座位讓人感受到溫暖氣氛 2 本店的建築外觀宛如從繪本中跳脫出來般 3 添加季節水果製成的水果塔400日圓 4 牆壁上爬滿了葡萄藤，庭院裡綻放著當季的花

GOURMET GUIDE

度過悠閒愜意的時光 器皿店的咖啡廳餐點

在溫暖療癒的空間裡，若無其事地擺放著充滿溫暖的器皿。
美味的料理與手工製的器皿將帶你度過一段幸福時光。

COMMENTED BY 清澤奈央 EDITOR

伊豆高原

おおむろけいしょくどう

おおむろ軽食堂

在充滿木質溫暖的空間裡 享用伊豆的午餐

這家專賣午餐的輕食堂以「在家也能製作的功夫菜」為理念，店內使用的都是「陶芸工房えんのかま」的器皿，所有午餐均附上一盤使用當地農家所種蔬菜做成的前菜、抹茶及甜點，將本店當作咖啡廳純享用蛋糕與咖啡也OK！

SHOP DATA

☎0557-51-1455 MAP 附錄正面④A1 ⌂伊東市富戸1317-5大室山リフト乗り場1F
‼シャボテン公園巴士站即到
🕒10:00～16:00 休纜車停駛時
席60 P500輛

1 店內的照明燈具實為陶器　2 使用伊豆天城產的自然薯製成的伊豆散海苔山藥泥麥飯套餐1300日圓
3 牙籤罐也是手工製品　4 午餐均附抹茶及茶點

再玩遠一些 到這裡瞧瞧!!

1

2

3

伊豆國周邊

きき かふぇぷらすうつわ

KiKi カフェ+器

位置隱密 適合陶器愛好者來此度過悠閒時光

這間器皿店將一樓住宅的角落當作店面，店內除了販售精選陶藝作家所製作的器皿之外，亦設有咖啡廳。脫鞋入內、讓人放鬆的氣氛是該店的一大特徵，來此可享用將各種配菜少量盛裝在同一盤的心血來潮午餐套餐1296日圓～。

SHOP DATA

☎0558-76-1365 MAP附錄背面⑩E6 伊豆の国市田京375-4
伊豆箱根鐵道田京站步行10分
11:30～15:00
休 週日、一、二
席 17 P 3輛

4

1 2015年7月重新裝潢後鋪有塌塌米的房間 2 陳列許多充滿溫暖的陶器 3 任選肉類或魚類主菜的午餐套餐，附4個小皿。照片中是香草烤梭子魚午餐套餐 4 本日甜點是以黑糖與豆漿製成的南瓜布丁與咖啡，器皿當然也是手工製品

GOURMET GUIDE

到四周環海的伊豆
品嘗現捕當地漁獲製成的壽司＆蓋飯

伊豆聚集了不少美食店，提供使用伊豆近海捕獲的當地各種鮮魚所做的美味壽司與蓋飯。
店主與老闆娘的態度親切溫暖，這也算是伊豆的特色之一吧。

COMMENTED BY 秋山真由美 WRITER

1

2

3

1 含2種當地鮮魚的高級握壽司1836日圓　2 店內裝潢風格獨具，散發出一股溫暖　3 態度親切的店主及開朗有活力的老闆娘在此迎接　4 平日午餐菜單中的海鮮蓋飯1100日圓附有多樣小皿配菜，相當划算

4

伊東周邊

すしとめ うさみてん
すしとめ 宇佐美店

不論是當地鮮魚還是招牌菜樣樣美味生魚片及店內氣氛都讓人大為滿足！

第二代店主小野寺武史先生所捏的壽司素材，是使用在近海捕獲的當地鮮魚以及沼津市場所採購的當令鮮魚。大塊生魚片與醋飯保持絕佳的平衡感，口感十足。值得一提的是，店主夫婦所營造出舒適的居家氣氛讓人還想再度光臨。

☎0557-48-9111 MAP 附錄背面⑩F6 住伊東市宇佐美1660-23 JR宇佐美站步行7分 ⏰12:00～14:00、17:00～21:00LO 休週一（逢假日則營業）席25 P5輛

SHOP DATA

（伊東）

すしのすずまる
すしの壽々丸

深受當地居民喜愛的40年老店，可一邊品嘗在伊東、下田、稻取捕獲的當地鮮魚，一邊聽店主風趣的談話。來本店亦可挑戰各種吃法，光是紅金眼鯛握壽司就有生、烤、醃、味增醃漬等調理法。

☎0557-36-7387 MAP 附錄正面③A1
伊東市猪戸1-8-36 JR伊東站步行5分
11:00～22:00 休週三 席35 P有契約停車場

1 使用新鮮生魚片製成的「相模」3240日圓
2 饒富趣味的船底形天花板

1 靠近伊東站，交通方便
2 魚6貫附細卷壽司及煎蛋壽司的握壽司1080日圓

（伊東）

みよしずし
美よし鮨

位於伊東站附近深受好評的美味壽司店，以紅金眼鯛及竹筴魚等伊東捕獲的當地鮮魚為主，所進的貨都是經過嚴選的優質食材。除了握壽司之外，還有竹筴魚蓋飯、鰻魚蓋飯等4種人氣午餐。

☎0557-37-4487 MAP 附錄正面③A1
伊東市湯川1-16-15 JR伊東站即到 11:00～20:00(午餐時段～15:00) 休週四 席19 P無

（下田周邊）

まえはらすし
前原寿司

以「低價格提供生鮮優質的壽司」為理念，堅持選用當地鮮魚，由店主夫婦兩人同心協力經營店面。招牌菜是炙烤當地紅金眼鯛，吸引了不少聞名而來的饕客。若在南伊豆漁協購買海產，亦可帶來請店主代為烹調。

☎0558-62-0071 MAP 附錄正面⑥A4
南伊豆町下賀茂290-3 伊豆急下田站搭東海巴士25分，下賀茂溫泉巴士站即到 11:00～22:00LO 休週一(夏季、假日、櫻花季期間無休) 席38 P2輛

1 當地鮮魚壽司（7貫）1500日圓，主要使用當令白身魚
2 店就位於下賀茂溫泉旁

伊豆高原

ほんけまぐろや いずこうげんほんてん
本家鮪屋 伊豆高原本店

壽司師傅使用嚴選的鮪魚與在稻取捕獲的紅金眼鯛等當地鮮魚，提供顧客最新鮮美味的料理。備受歡迎的炙烤鮪魚肚三昧蓋飯內容相當豪華，使用4種經烘烤製成的鮪魚肚。

☎0557-54-3088(洽詢專線)
MAP 附錄正面④C4 ☗伊東市八幡野1069-4 ‼伊豆急行伊豆高原站步行5分 🕒11:30～15:00LO、17:30～20:00LO(週日17:30～19:30LO) 休第2、第4週三 席66 P19輛

1 炙烤鮪魚肚三昧蓋飯2808日圓，可依個人口味添加伊豆產的生山葵食用　2 讓人感到放鬆的和風家屋

1 一樓是魚乾與鮮魚專賣店，二樓則是食堂
2 富士一無菜單蓋飯2268日圓

伊東

ふじいち
ふじいち

本店位於伊東港附近，可一邊眺望相模灣的景色，一邊享用魚類料理。選用當天進貨的12種海產做成擺盤豪爽的富士一無菜單蓋飯，是本店的名產。各桌均有烤爐，可自行烘烤魚乾或鮮魚。

☎0557-37-4705 MAP 附錄正面③B2
☗伊東市静海町7-6 ‼JR伊東站步行17分
🕒10:00～15:00LO(週一～五)、10:00～15:30LO(週六日、假日) 休週四不定休 席100 P20輛

伊東

くいどうらく ふくじゅまる
喰い道楽 福寿丸

以使用伊豆近海現捕、鮮度超群的海產為賣點，除了伊勢蝦海鮮蓋飯3100日圓之外，任選三昧蓋飯也是推薦餐點之一，可從當天進貨的當地鮮魚、竹筴魚、干貝、甜蝦等任選4種食材享用。

☎0557-48-9113 MAP 附錄背面⑩F6
☗伊東市宇佐美1721-7 ‼JR宇佐美站步行10分
🕒11:30～15:00、18:00～20:00LO 休不定休
席65 P20輛

1 任選三昧蓋飯1290～1890日圓
2 立地條件佳，宇佐美的海景近在眼前

伊東

すしのあまや

寿司の海女屋

這裡可享用到以店主親自到伊東魚市場標到的新鮮海產所做的料理。點菜後才現做的紅燒紅金眼鯛定食2500日圓～、在醋飯上擺滿多達10種以上色彩鮮豔食材的小海女壽司，都是本店的人氣餐點。

☎0557-35-0035 MAP 附錄正面③A1
🏠伊東市湯川1-15-7 ‼JR伊東站即到 🕒11:00～20:00 休週二(遇假日則翌日休) 席70 P無

1 豪邁的小海女壽司2376日圓　2 從牆上突出的「幸福木碗」商標是本店的標誌

1 一樓為海鼠牆建築　2 えんの海蓋飯1080日圓，可一次享受海鮮散壽司與高湯茶泡飯2種風味

下田

しもだかっぽうえん

下田割烹えん

2014年開幕的吧台式時尚割烹料理店，提供顧客使用下田的新鮮海產與蔬菜所做的親民和食。只要1080日圓，就能享用えんの海蓋飯、薑燒金櫻豬以及芥末柴魚片蕎麥御膳等午餐套餐。

☎0558-36-4255 MAP 附錄正面⑦B3
🏠下田市3-13-11マシューズスクエア1F ‼伊豆急行伊豆急下田站步行10分 🕒11:30～14:00、17:30～22:00 休週一 席19 P無

下田

りょうしりょうり えびまん

漁師料理 ゑび満

本店是可享用當地鮮魚的漁師料理店，菜單相當豐富，其中又以使用「日もどり地キンメ」，即當天在漁港現捕的下田紅金眼鯛所做的料理，更是非吃不可。

☎0558-22-1156 MAP 附錄正面⑥C3
🏠下田市白浜409-1 ‼伊豆急行伊豆急下田站搭南伊豆東海巴士15分，梶浦巴士站即到 🕒11:00～20:00LO(夏季為～21:00LO) 休不定休 席42 P15輛

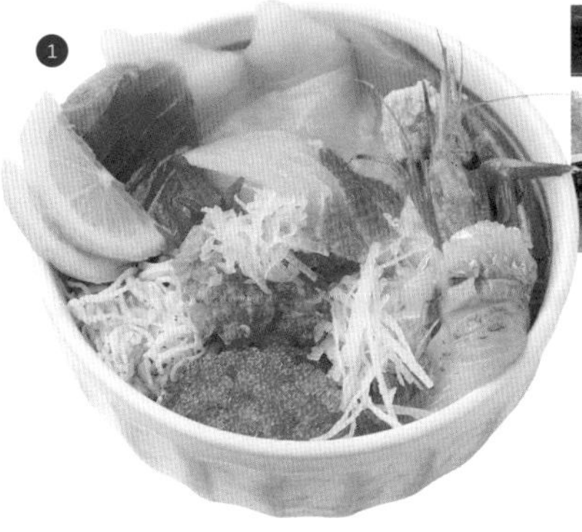

1 淋上特製高湯就變成茶泡飯的漁心飯1750日圓　2 可眺望大海景色的和式空間

GOURMET GUIDE

吃法千變萬化♪
享用美味的紅金眼鯛

紅金眼鯛素有「海中紅寶石」之稱，是棲息在300～600m深水域的深海魚。
有機會來紅金眼鯛漁獲量日本第一的伊豆玩時，一定要盡情品嘗紅金眼鯛料理。

COMMENTED BY 秋山真由美 WRITER

稻取

あみもとりょうり とくぞうまる ほんてん

網元料理 徳造丸 本店

在大正末年時以船東身份創業，現在則提供顧客使用經過嚴選的海鮮所做的料理。在這裡可以享用稻取漁港捕獲的紅金眼鯛所做的豪華涮涮鍋，將帶有脂肪的厚切魚肉在高湯中稍微涮一下再享用，吃起來倍覺美味。

☎0557-95-1688 MAP 附錄正面⑤A4
東伊豆町稻取798 2F 伊豆急行伊豆稻取站步行10分
10:30～16:45LO 休週三 席80 P32輛

1 紅金眼鯛全餐4212日圓，包括涮涮鍋、生魚片以及紅燒紅金眼鯛等 2 漁師煮蓋飯2160日圓 3 燉紅金眼鯛與生魚片膳2268日圓 4 從店內可眺望稻取漁港的景色

1 份量驚人的紅金眼鯛蓋飯2646日圓 2 店內為木造建築，裝潢如同守望哨般簡樸 3 撒上佐料、淋上熱騰騰的茶後即可享用的紅金眼鯛茶泡飯1728日圓

稻取

きんめどころ なぶらとと

きんめ処 なぶらとと

由當地的媽媽們所經營的紅金眼鯛專賣店。店名「なぶらとと」是稻取當地的方言，意指魚群。紅金眼鯛蓋飯內裝有顏色粉紅的紅金眼鯛生魚片以及剁碎紅金眼鯛，如同玫瑰花般美麗的擺盤，只有豪華兩字可言。

☎0557-95-5155 MAP 附錄正面⑤A4
東伊豆町稻取396 伊豆急行伊豆稻取站步行10分
11:00～15:00 休週二(逢假日則營業) 席32 P5輛

稻取

うおはちずし
魚八寿し

據說在33年前，本店率先使用紅金眼鯛做壽司，是紅金眼鯛壽司的創始者。店主是土生土長稻取人，打算以當地產的紅金眼鯛及當地鮮魚一決勝負。多到快滿出木盤的紅金眼鯛握壽司愈嚼愈有味，堪稱頂級美味，擁有不少老主顧。

☎0557-95-1430 MAP 附錄正面⑤A4 ☗東伊豆町稲取371-4 ‼伊豆急行伊豆稻取站步行8分 🕒11:00～19:30LO 休週三（逢假日則營業） 席40 P8輛

1 紅金眼鯛壽司（8貫）3564日圓可說是本店的代名詞，附本店招牌魚雜湯及一道當令小菜 2 店主的服務態度相當親切

伊豆高原

じゅぴたー
Jupiter

這裡可以享用以新鮮的紅金眼鯛所做的道地義大利麵。主廚以前曾在各地客棧修業磨練廚藝，其後在故鄉伊豆開設義大利料理店，使用紅金眼鯛、伊豆牛等當地新鮮食材，誠摯地為每位顧客烹調料理。

☎0557-54-3736 MAP 附錄正面④C4 ☗伊東市八幡野1039-101 ‼伊豆急行伊豆高原站車程5分 🕒11:00～14:30LO 休週三（逢假日則營業） 席24 P7輛

1 紅金眼鯛佐新鮮蕃茄與芹菜義大利麵（午餐套餐）2100日圓
2 宛如隱密基地般讓人放鬆的空間

伊豆高原

ぼらなや
ぼら納屋

店主充分運用伊豆近海捕獲的當地鮮魚美味，以「最美味」的調理法提供顧客美味的料理。其中紅燒紅金眼鯛是店主的得意之作，吃起來肉質鬆軟，與濃厚甘甜的醬汁相當對味。本店是由舊烏魚魚倉改建而成。

☎0557-51-1247 MAP 附錄正面④D2 ☗伊東市富戸払837 ‼伊豆急行城崎海岸站車程5分 🕒9:30～15:30 休週四（8月無休）※天候不佳時會臨時休業 席80 P100輛（每輛500日圓）

1 紅燒紅金眼鯛定食1890日圓，附當地鮮魚製的魚丸湯及小菜
2 這間有著茅草屋頂、別具一番風情的魚倉，原建於寬永3年（1626）

適合結束旅行回家後
當作隔天早餐配菜的伴手禮

好想將旅行的歡樂餘韻永遠記在心裡。
這時不妨來享用伊豆的美食特產，細細品味當地的風土與物產滋味。

COMMENTED BY 清澤奈央 EDITOR

A

濱燒柳葉魚
130g 580日圓
鬆軟的柳葉魚肉與芝麻香非常搭，可直接享用

特製
紅燒金眼鯛
2塊裝 1300日圓
將切塊的紅金眼鯛與自家製醬汁一起燉煮製成的人氣商品，可品嚐東伊豆特有的濃厚甘甜滋味

B

伊東 A

いそまる
磯丸

以種類豐富的自製海產珍味產品為賣點，像是辣漬海鮮900日圓及抱卵花枝680日圓等。

☎0557-35-3060 MAP 附錄背面⑩F7
伊東市湯川571-19（伊東マリンタウン內）JR伊東站搭東海巴士往マリンタウン方向5分，伊東マリンタウン巴士站即到 9:00～18:00 休無休 P296輛

河津 B

いずおれんぢせんたー
伊豆オレンヂセンター

擁有超過100種伊豆名產的伴手禮店。使用自家產橘子添加大量蜂蜜所製成的超級鮮果汁400日圓，請一定要品嘗。

☎0558-32-1134 MAP 附錄正面⑥D2
河津町見高1266-31 伊豆急行河津站車程5分 9:00～17:00 休不定休 席約10 P80輛

伊東 C

やましろや
山城屋

山葵專賣店。自家製的醃山葵可嘗到山葵原有的樸素辛辣與香味，深受不少顧客喜愛，採秤重零售，每100g270日圓～。

☎0557-37-2679
MAP 附錄正面③A1
伊東市猪戸1-5-41 JR伊東站即到 10:00～18:00 休週四 P無

C

自家製醃山葵
540日圓～
這道醃山葵完全不使用任何防腐劑與著色料，特徵是帶有清爽的辛辣與香味

D

油魣魚乾
時價（視進貨狀況而定，不一定會販售）
本店的魚乾是使用從市場購入的鮮魚經手工製成，剛烤好的魚肉肉質相當鬆軟

「いかの汐辛」花枝酒盜（經伊東[illegible]商品）
515日圓
是款滋味濃厚，濃縮花枝美味的酒盜，吃得到大塊花枝讓人好滿足

E

柴魚片
100g 370日圓
堪稱下田柴魚片專賣店的招牌商品。削好的柴魚片瀰漫著一股甘甜高雅的香氣

F

（下田） D

ひもの まんぼう
ひもの 万宝

提供下田相當少見的伊勢蝦等自家製魚乾，亦可在店內使用地爐烘烤食用（11：00～15：00，每片需另付烘烤費216日圓）。

☎0558-22-8048
MAP 附錄正面⑥C3
（→P14）

（伊東） E

やまろくひものそうほんてん
山六ひもの総本店

創業66年的老店。堅持食材產地，以傳統手工製作出歷久不變的美味。魚乾均添加天然鹽增添淡淡鹽味，平時店內備有多達30種以上的產品。

☎0120-22-3039 MAP 附錄正面③B1
伊東市東松原町5-6 JR伊東站步行10分 8:00～17:00 休無休 P10輛

（下田） F

やまだかつおぶしてん
山田鰹節店

創業約70年的老店，在此可購買鰹魚及青花魚等現削柴魚片。基本上採散裝零售方式，但會替顧客妥善包裝，可安心購買。

☎0558-22-0058 MAP 附錄正面⑦B2
下田市2-2-15 伊豆急行伊豆急下田站步行7分 8:00～19:30 休週三（8月．12月無休）P3輛

到伊豆的2大購物商城 一次購足伴手禮

想購買伊豆半島特有的山珍海味、高原產等特產品或伴手禮時，
當然就要到可一次購足的“公路休息站”購買。

COMMENTED BY 清澤奈央 EDITOR

1 

伊東

みちのえき いとうまりんたうん

公路休息站 伊東マリンタウン

琳瑯滿目的當地限定美食與時尚伴手禮

公路休息站內有約20家商店與餐廳，包括販賣當地鮮魚的海鮮店以及伊豆當地伴手禮店等。站內亦設有海景SPA，內有天然溫泉足湯與露天浴池、包租按摩浴缸等完善設備。另外也可以在本站搭觀光船前往伊豆沖。

☎0557-38-3811 MAP 附錄背面⑩F7
伊東市湯川571-19 JR伊東站搭東海巴士往マリンタウン方向5分，伊東マリンタウン巴士站即到
9:00～18:00（因店、設施而異）
休 無休（承租者為不定休） P 296輛

2 

3 

4 

5 

1 亦設有觀光服務處 2 充滿活力的商店街棟 3 走出散步道就能更靠近大海 4 閃耀的大海相當美麗 5 玻璃底觀光船「はるひら丸イルカ号」票價1600日圓

超薄起士片
各65g 464日圓

使用削柴魚花技術將乳酪削成薄片的美味商品。圖左是紅切達乳酪，圖右是黑胡椒口味

油封金眼鯛
120g 1620日圓

蒜香櫻花蝦
120g 1296日圓

青醬魩仔魚
120g 1080日圓

將海鮮美味全濃縮在一瓶！特別是油封金眼鯛使用伊豆的紅金眼鯛以及松露製成，相當奢華

伊豆乃踊子
4個裝　460日圓

用酥餅皮包含核桃的白豆沙餡製成的點心，印有舞孃圖案的迷你紙袋相當可愛♪

多具里潮鰹茶漬
25g 864日圓

這罐潮鰹茶漬充滿天然岩海苔的美味以及櫻花蝦的甘美，是堅持使用優質食材的多具里系列商品之一

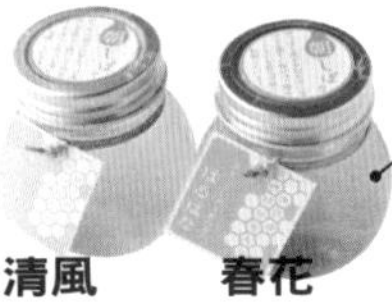

清風
120g 1260日圓

春花
120g 1430日圓

將蜜蜂採集的花蜜經熟成後製成的伊豆產純蜂蜜，「春花」是春天採集的花蜜，「清風」則是夏天採集的花蜜

玉綠茶布丁
1個 140日圓

這是款充分發揮玉綠茶茶葉澀味較低、味道甘美的特徵所製成的高雅布丁

SHOP DATA

SHOP伊豆自然生活(☎0557-38-9000 ●9:00～20:00 SPA棟1F) ①②④
melrose market(☎0557-36-2711 ●9:00～18:00 Bazaar棟1F) ③⑤
和洲(☎0557-38-3515 ●9:00～18:00 Bazaar棟1F) ⑥

FOOD & REST

黑船烤牛排蓋飯
1300日圓

這是道凝聚牛腿肉美味且講究的蓋飯，與半熟蛋一同享用更加美味

伊豆牛&海鮮レストラン 海辺の食卓
☎0557-29-6111
●11:00～20:30LO（週六日、假日9:00～※有季節性變動）Bazaar棟2F

海瓜子拉麵
780日圓

使用天然昆布、柴魚片、12種藥膳香料等一起熬煮9小時的高湯，與海瓜子相當對味

らぁめん じゃんまりん
☎0557-32-0130
●11:00～20:30LO Bazaar棟2F

漁師漬蓋飯
2360日圓

在白飯上擺上以醬油底的醬汁醃漬過的鮪魚、鮭魚及花枝，最後再放上大量醃漬鮭魚卵

伊豆高原ビール 海の前のカフェレストラン
☎0557-38-9000
●11:00～20:30LO SPA棟1F

（下田）

みちのえき かいこくしもだみなと

公路休息站 開国下田みなと

在南伊豆的情報發信基地 有當地滿滿的海鮮

這間休息站鄰近巡航下田港內的黑船「SUSQUEHANNA」（P.94）搭船處以及下田市魚市場，站內有諸多商店，像是販售現捕海產的漁協直賣所、大排長龍的迴轉壽司店、以及陳列諸多下田特有伴手禮的商店等。此外，站內亦設有博物館及觀光服務處，初次來下田旅行者不妨可以到這裡瞧瞧。

☎0558-25-3500 MAP 附錄正面⑦C2
下田市外ヶ岡1-1 伊豆急行伊豆急下田站步行10分
9:00～17:00（因店而異）
休 無休（承租者為不定休）P 213輛

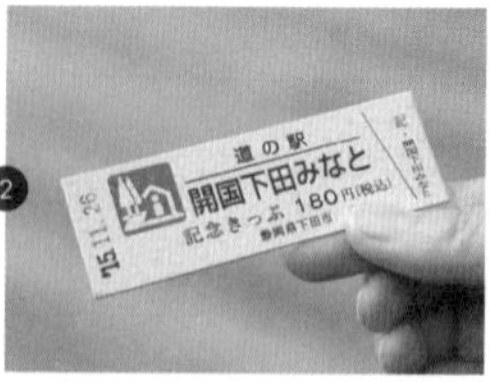

1 二樓設有開放式木質甲板 2 在「まるごと下田館」售有1張180日圓的紀念車票 3 方位指示板也別具特色 4 下田漢堡是「Cafe&Hamburger Ra-maru」的人氣商品 5 來自魚市場的貓

①
哈密瓜最中餅
3個裝 270日圓

在白豆沙餡添加哈密瓜萃取物，再夾入餅皮製成的一口最中餅，哈密瓜的芳香會在口中散開，是南伊豆的銘菓

②
口感溫和雪寶冰 哈密瓜、八朔橘口味
1個 270～324日圓

哈密瓜雪寶冰含80%靜岡縣產皇冠哈密瓜果汁，八朔橘雪寶冰則是使用半顆伊豆長岡產的無農藥八朔橘製成

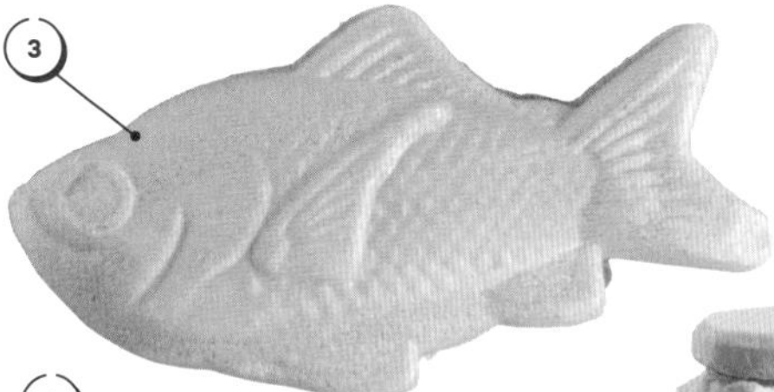

③
紅金眼鯛最中餅
1個 173日圓

內包栗子的紅豆泥餡夾入餅皮所製成的一口最中餅。外型是仿效下田紅金眼鯛染成粉紅色，相當可愛

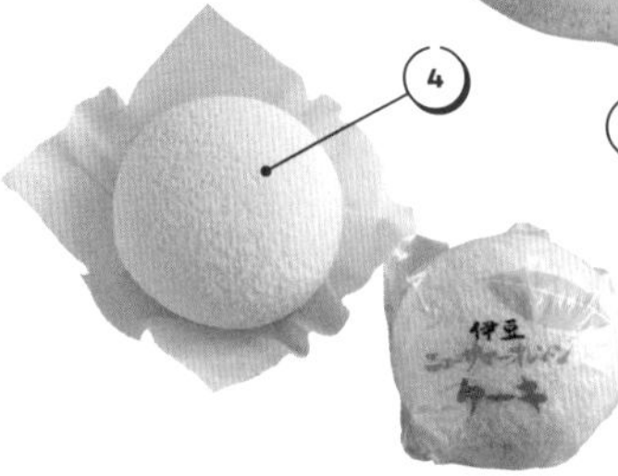

④
伊豆新夏橘蛋糕
10個裝 650日圓

酸中帶甜的新夏橘蒸蛋糕內夾綿滑的卡士達奶油，味道相當契合

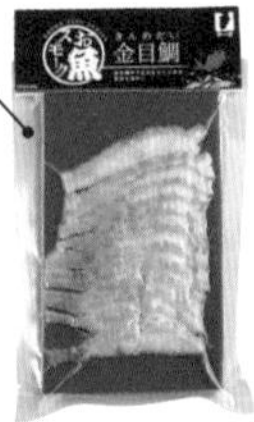

⑤
煙燻金眼鯛
40g 864日圓

這是將紅金眼鯛以煙燻法燻製而成。開封後請務必灑在沙拉上作為配料一起享用！

⑥
山葵塔塔醬
140g 486日圓

靜岡縣產的山葵辣味相當帶勁，是款微帶辛辣又具有成熟風味的醬料。也很推薦當作蔬菜沾醬食用

SHOP DATA

まるごと下田館（☎0558-25-3500 ——①③
🕒9:00～16:30 2F門廊）

まるいち（☎0558-22-8577 ——②⑤⑥
🕒8:30～16:30 1F西側棟）

ひものかねさん（☎0558-23-2323 ——④
🕒8:00～16:30 1F西側棟）

FOOD & REST

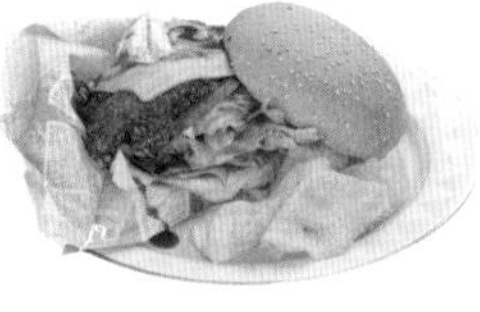

下田漢堡
1000日圓

內夾炸得酥脆、淋上照燒醬的炸紅金眼鯛肉，而且份量十足！

Cafe&Hamburger Ra-maru
☎0558-27-2510
🕒10:00～16:30LO 1F東側棟

金眼鯛握壽司
一盤 480日圓

吃起來彈性十足的紅金眼鯛是下田的名產。照片右方是帶脂牛眼鯥握壽司，一盤390日圓

地魚回転鮨魚どんや
☎0558-25-5151
🕒11:00～15:30、17:30～20:30 2F東側

軟金眼鯛定食
1700日圓

這道定食相當講究，含油脂豐富的紅燒金眼鯛及小皿配菜

地魚の御食事処さかなや
☎0558-23-0358
🕒10:00～15:00LO 1F中央棟

與伊豆的 動物們相見歡

水豚、松鼠猴、美麗的鳥類…，伊豆的動物相當溫順不怕人。
正因為待在一年四季氣候溫暖的伊豆，動物們也過得悠閒自適好療癒♪

COMMENTED BY 清澤奈央 EDITOR

伊東

いずしゃぼてんこうえん

伊豆仙人掌公園

參觀時間約 180分

在播放拉丁音樂的園內 與可愛的動物們拉近距離

本園是位於大室山山麓佔地廣大的巨型公園，園內種有多達約1500種仙人掌及多肉植物以及約100種動物在此生活。「動物小艇之旅」是誕生於2015年7月的新企劃，遊客可以搭船環繞園內中央大小共8座島，也可體驗餵食動物。此外，遊客也可以與園內放養的松鼠猴及水豚直接互動，千萬別錯過水豚入浴（冬季限定）的畫面。

☎0557-51-1111
MAP 附錄正面④B1
伊東市富戶1317-13
JR伊東站搭往シャボテン公園方向東海巴士35分，シャボテン公園巴士站即到
¥入園（大人）2300日圓
9:00～17:00（11～2月～16:00，最後入園為閉園前30分鐘）
休無休
P200輛（每次500日圓）

元祖水豚 露天浴池

11月下旬～4月初旬舉辦

20多年來深受遊客喜愛的水豚露天浴池，是伊豆冬季特有的風景，還能看到水豚泡蘋果浴、玫瑰浴、甚至柚子浴等不同的浴池。水豚的浴池溫度約40度

在大受歡迎的「水豚彩虹廣場」可與水豚直接互動

"IDOL ANIMALS"

松鼠猴

[喜歡的食物]

水果&添加蜂蜜的牛奶麵包

園內放養約50頭松鼠猴。在每天2～3次的餵食時間（付費）不但會與遊客直接互動，還會坐在遊客的肩膀上，模樣相當可愛

水豚

[喜歡的食物]

禾本科的草＆蘋果

腳趾間長有蹼，最擅長游泳，放鬆時會發出「嚕嚕」聲。2015年8月誕生了3頭水豚寶寶

帕爾瑪小袋鼠

[喜歡的食物]

樹葉

體重約4kg，是小袋鼠的一種。照片中的帕爾瑪小袋鼠看起來雖然像個寶寶，其實早已成年。在園內可看到約40頭帕爾瑪小袋鼠群

鴛鴦

[喜歡的食物]

鳥飼料

放養在「バードパラダイス」中。走起路來搖搖晃晃的姿態以及黑色的眼睛相當可愛，是バードパラダイス的大明星。只有公鴛鴦的頭髮是彩色的，千萬不能錯過！

SOUVENIR

選購人氣商品作為伴手禮

在園內選購伴手禮，

就要到陳列著原創商品及伊豆特產的專賣店「おみやげ館」購買。

LOVE
泡湯水豚（小）

1180日圓

以最喜歡泡柚子浴池的水豚為造型的特製布偶，只有在仙人掌公園才買得到

仙人掌
組合盆栽・小型

600日圓

挑選3種最受歡迎的小型仙人掌組合而成，請細心照料，讓仙人掌開花吧

水豚日式
黒糖饅頭

12個裝700日圓

包裝盒上因泡湯泡太久而滿臉漲紅的水豚圖案相當可愛

稻取

いずあにまるきんぐだむ

伊豆動物王國

參觀時間約 120分

佔地約54萬㎡的動物王國 觀察動物最原始的姿態

以動物園為中心，具備遊樂園及運動設施的廣大遊樂園。動物園內飼養約47種、共計460頭左右的動物，並設有可與水豚、長耳豚鼠、兔子等動物直接互動的廣場，長頸鹿及斑馬等放養動物所在的野生原野步行區，以及可看到白老虎及獅子等猛獸展示區。可從窗外邊看白老虎邊用餐的餐廳也相當受歡迎。

☎0557-95-3535 MAP附錄正面⑤A3 ☗東伊豆町稻取3344 ‼伊豆急行伊豆稻取站搭往伊豆アニマルキングダム方向的東海巴士15分，伊豆アニマルキングダム巴士站即到 ¥入園2200日圓(使用各設施則另外收費)🕒9:00～16:00(4～9月～17:00，最後入園為閉園前1小時) 休無休※因進行設施維護，6．12月有休園日，需洽詢 P750輛(1天500日圓)

一起玩歡樂廣場

9：00～閉園前15分鐘為止

本區除了有平時很難接觸到的犰狳之外，亦放養水豚、長耳豚鼠、兔子等動物。視季節而定，甚至還能跟動物寶寶們玩。本廣場最有名的就是食蟻獸走鋼索

園內亦舉辦各種多樣化的活動，例如與獅子拔河、觸摸犀牛等

"IDOL ANIMALS"

水豚
[喜歡的食物]
青草&胡蘿蔔

雖然平時相當慵懶，但在緊急時刻卻能以時速50km的速率奔跑！奔跑時步伐不穩的水豚寶寶更是可愛到不行♪

白腹刺蝟
[喜歡的食物]
昆蟲&果實

白腹刺蝟不是老鼠，而是鼴鼠的親戚。在掌心縮成一團的白腹刺蝟模樣相當可愛，雖然牠體型嬌小又可愛，不過背部的針還是會刺痛人的

獵豹
[喜歡的食物]
肉

獵豹素有陸地上跑得最快動物之稱，就連小獵豹也擁有頭很小、四肢修長的完美體態。這裡可以看到2015年7月出生的獵豹雙胞胎姊妹

拉河三帶犰狳
[喜歡的食物]
顆粒飼料&蕃薯

宛如盔甲般的外殼，其實是由皮膚硬化而成的。常見到犰狳縮成球狀以保護身體，其實只有此種及同屬的巴西三帶犰狳可將身體縮成球狀

SOUVENIR

購買動物周邊商品作為伴手禮

位於入園門口旁的商店售有各種特製點心，
還有平價的布偶等許多可愛的商品。

白老虎午餐盒
8個裝648日圓

可折疊收納的便當盒內裝有口感酥脆輕盈的奶油餅乾，一盒餅乾兩種享受

白老虎寶寶布偶
1274日圓

以伊豆動物王國內最受歡迎的白老虎為造型的布偶。除了白老虎寶寶之外，也有大型白老虎布偶，是本園的特製商品

迷你年輪蛋糕
8個裝594日圓

中間填滿奶油，吃起來相當滿足，共有甜巧克力及白巧克力兩種口味

來趟輕鬆愉快的伊東散步 體驗溫泉及人情味

伊東是擁有日本屈指可數豐富湧泉量的溫泉街，保留了往日的溫泉旅情。
這裡有手湯、足湯以及親切的笑容，不妨走遍伊東的街道，說不定會有意外的收穫。

COMMENTED BY 秋山真由美 WRITER

到處都帶有懷舊氣息的商店街。
光是漫步也相當愉快

いとう
伊東

是這樣的地方

一邊吹著海風 感受溫泉街的往日情懷

伊東是平安時代所發現的正統溫泉街，擁有日本屈指可數的豐富泉湧量，深受川端康成等文人名士的喜愛。松川沿岸建有許多充滿歷史感的木造旅館，沿岸的柳樹也別具一番風情。此外這裡也有許多面海的絕景公園、溫泉紀念館等景點，還有店家能品嘗伊東港直送的新鮮海產。

☎0557-37-6105(伊東觀光協會) MAP 附錄正面③A1
‼JR熱海站搭伊東線23分，伊東站下車

Start

JR伊東站

1 湯の花お湯かけ七福神之一的布袋和尚 2 到處可見精心設計的手湯

ゆのはなどおりしょうてんがい
湯之花通商店街

長約450m的商店街，林立著魚乾店、和菓子店、山茶花油店等約60家店鋪。街上到處設有湯の花お湯かけ七福神與手湯，據說只要淋湯就能實現願望，在這裡可隨時沉浸在溫泉氣氛當中。

☎0557-37-6105(伊東觀光協會)
MAP 附錄正面③A1 🏠伊東市猪戸 ‼JR伊東站即到 Ⓛ休自由散步 Ⓟ無

② 東海館
とうかいかん

佇立在松川沿岸相當引人注目的木造建築。昭和3年（1928）作為溫泉旅館開業，現在成為眾所喜愛的觀光設施。欣賞完本館的建築之美後，不妨在喫茶室小歇片刻。

1 位於一樓喫茶室的抹茶套餐600日圓　2 大浴場僅於週六日、假日開放不住宿溫泉

☎0557-36-2004 MAP 附錄正面③A1
伊東市東松原12-10
JR伊東站步行8分 ¥入館200日圓
9:00～21:00（咖啡廳10:00～17:00）休第3週二（遇假日則翌日休）P無

③ 松川遊步道
まつかわゆうほどう

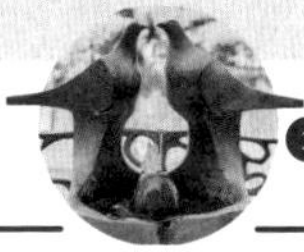

位於松川附近長約1.5km的石板路。在此一邊眺望對岸成排的木造建築，或是看著在河川悠遊的鯉魚及復古的路燈，一邊散步，就能感受到昭和的溫泉情懷。沿路成排的垂柳及春季時的櫻花樹也美不勝收。

1 溫泉紀念館「鳩」以及木下杢太郎的浮雕
2 いでゆ橋可眺望對岸的東海館，是絕佳的攝影景點

☎0557-32-1717（伊東市觀光課）MAP 附錄正面③A1
伊東市銀座元町 JR伊東站步行10分 休自由散步
P無

④ cafe TATI sweets
かふぇ たち すいーつ

這間獨棟咖啡廳的店名是以法國電影導演賈克·大地（Jacques TATI）的名字來命名，在此可一邊享用使用當季食材做成的午餐及飲料，一邊度過悠閒時光。由女性甜點師所做的甜點深受歡迎。

1 各種外觀極具獨創性的甜點　2 白色的獨棟建築當中充滿店主的堅持

☎0557-36-3732
MAP 附錄正面③B1 伊東市渚町2-6 JR伊東站步行12分
11:30～18:30 休週一（每月有一次連休）席16 P5輛

Goal

JR伊東站

⑤ 渚公園
なぎさこうえん

在此可以眺望伊東灣的景色，天氣晴朗時連房總半島、真鶴岬、初島等也能一覽無遺。園內亦展示超過10件以上重岡建治的雕刻作品，彷彿置身室外美術館。

1 重岡建治是住在伊東市的雕刻家，可觸摸或坐在其作品上
2 鄰近伊東Orange Beach

☎0557-37-6105（伊東觀光協會）MAP 附錄正面③B1
伊東市東松原町178-36 JR伊東站步行12分
休自由散步 P103輛（前1小時200日圓，之後每30分鐘100日圓）

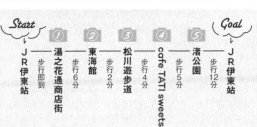

Start JR伊東站 — 步行即到 — ① 湯之花通商店街 — 步行6分 — ② 東海館 — 步行2分 — ③ 松川遊步道 — 步行4分 — ④ cafe TATI sweets — 步行5分 — ⑤ 渚公園 — 步行12分 — Goal JR伊東站

在充滿懷舊氣氛的下田
來趟時光之旅散步

下田是面對蔚藍大海的港口城鎮，擁有豐富的自然資源，也是日本開國歷史的舞台。
來趟下田懷舊散步之旅，遊覽當時的史跡、舊時代的建築以及充滿活力的巷弄。

COMMENTED BY 菊池共 EDITOR

從寢姿山自然公園可眺望以前佩里總督來航時抵達的下田港、伊豆七島以及天城連山等景色

しもだ
下田

是這樣的地方

明治維新的舞台 瀰漫幕末風情的港町

隨著幕末時代黑船來航，下田成為眾所皆知的開國之地，擁有諸多佩里、哈里斯、勝海舟、坂本龍馬等幕末知名人物的相關景點。下田也是極受歡迎的區域，可以在充滿懷舊情懷的街道以及緬懷當時歷史的珍貴建築物等享受散步的樂趣。駿河灣捕獲的紅金眼鯛、蠑螺以及伊勢蝦，是下田最具代表的美食。

☎0558-22-1531（下田觀光協會） MAP 附錄正面⑦B1
‼JR東京站搭スーパービュー踊り子2小時35分，伊豆急下田站下車

Start

伊豆急下田站

1 心型繪馬500日圓
2 還有祈求良緣的愛染堂

⑦

ねすがたやましぜんこうえん
寢姿山自然公園

位於標高200m、外型如同女性橫躺時姿態的寢姿山上的山頂公園，從展望台可眺望壯觀的下田港全景。奉祀愛染明王的愛染堂是祈求良緣的能量景點，相當有人氣。

☎0558-22-1211（下田空中纜車） MAP 附錄正面⑦D1
🏠下田市東本鄉1-3-2 ‼下田空中纜車寢姿山山頂站即到，空中纜車乘車處位於伊豆急行伊豆急下田站即到 ¥空中纜車往返1030日圓 ⓁⓈ自由散步，纜車9:00～17:00（上山最後班次為16:30） Ⓟ25輛（空中纜車乘車處）

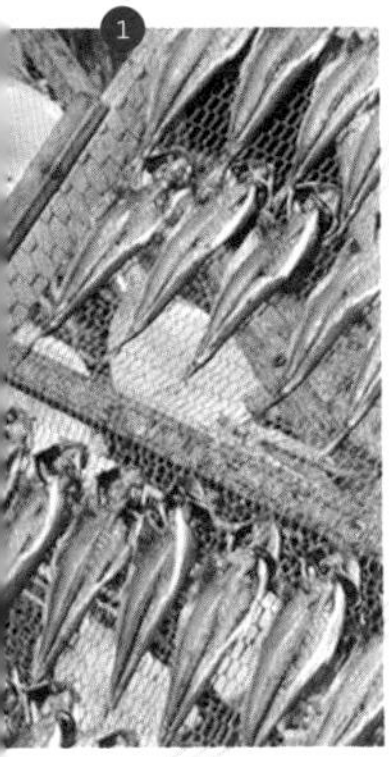

ひものよこちょう
② ひもの横丁

天氣晴朗時，可以在下田市內漁港附近的みなと通り周邊看到曬魚乾的景象，這裡也有許多魚乾店，可以在此購買魚乾作為伴手禮。

1 道路旁可看到港口都市特有的曬魚乾景象
2 選購曬乾的魚乾

☎0558-22-1531（下田觀光協會）MAP 附錄正面⑦B2 ☗下田市2丁目周邊
‼伊豆急行伊豆急下田站步行10分 ◔休因店而異 Ⓟ無

ぺりーろーど
③ 佩里小路

據說佩里提督為了簽訂《下田條約》，曾走過這條小路。全長約500m的小路隔著平滑川，上面鋪有石板。河川沿岸種植青翠的柳樹，除了可以看到充分運用傳統石造建築及海鼠牆建築所開設的咖啡廳及餐館之外，還能看到《下田條約》的簽署地．了仙寺（→P95）。

1 路上發現的招牌設計也相當復古 2 這裡的空間相當獨特，仍保留美麗的街道，彷彿時間只在此停止

☎0558-22-1531（下田觀光協會）MAP 附錄正面⑦B3
☗下田市3丁目周邊
‼伊豆急行伊豆急下田站步行10分 ◔休自由散步 Ⓟ無

つちとうしょうてん
④ 土藤商店

自明治20年（1887）起一直營業至今的老酒舖。本店售有廣島縣福山市的名產「保命酒」，瓶身上貼著本店特製的標籤，據說曾用來招待佩里提督。使用「保命酒」的酒粕製成的冰棒150日圓也相當受歡迎。

1 酒粕冰棒的微甜滋味帶有一股懷舊氣息 2 店內有展示古早的木製及琺瑯製的酒類招牌

☎0558-22-0021 MAP 附錄正面⑦B3
☗下田市3-6-30 ‼伊豆急行伊豆急下田站步行10分 ◔9:00～20:00 休不定休 Ⓟ2輛

Goal
伊豆急下田站

じゃしゅうもん
⑤ 邪宗門

本店的海鼠牆建築屋齡150年以上，是下田最古老的建築。店內擺滿了郵筒及電影放映機等充滿懷舊風格的日常用品，彷彿穿越時空回到過去。推薦飲料為維也納咖啡600日圓。

1 將下田古早的歷史傳承至今的復古咖啡廳 2 可品嘗當地產石花菜所做的寒天什錦水果蜜豆600日圓

☎0558-22-3582 MAP 附錄正面⑦B2
☗下田市1-11-19 ‼伊豆急行伊豆急下田站步行5分
◔10:00～19:00 休週三 席36 Ⓟ2輛

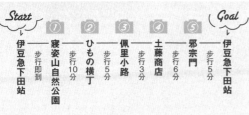

Start 伊豆急下田站 — 步行即到 — ① 寢姿山自然公園 — 步行10分 — ② ひもの横丁 — 步行5分 — ③ 佩里小路 — 步行3分 — ④ 土藤商店 — 步行6分 — ⑤ 邪宗門 — 步行5分 — Goal 伊豆急下田站

旅遊小筆記

深入採訪

令人好奇的方言

ごいせー【ゴイセー】

意思

意指「非常麻煩」、「費功夫」，是伊豆當地的常用語。變化形「ごいせーきる」則是指徹底完成費工夫的事。

範例1

洋服の毛玉をとるのがごいせーじゃ

清除衣服上的毛球真麻煩

範例2

夏休みの宿題をごいせーきる

暑假作業全部做完

令人好奇的採訪途中

伊東觀光番

靜岡縣內最古老的派出所，結束任務後，現在變成鎮上的「觀光服務處」！

泡露天浴池的水豚

是伊豆仙人掌公園（→P70）冬季特有的風景。悠閒地泡在露天浴池的水豚超可愛。

幸運緞帶

據說只要將彩色緞帶綁在遊步道上…願望就會實現。公路休息站伊東マリンタウン（→P66）。

令人好奇的人物是何方神聖？

仔細瞧瞧路旁…

蘆薈花♪

蘆薈花

自駕兜風時看到的謎樣植物，其實是蘆薈花。12～1月會舉辦蘆薈花祭。

超級鮮果汁

以「喝一杯可以延壽3年」而聞名的名產，請到伊豆オレンヂセンター購買（→P64）。

唐人阿吉（齋藤吉）

17歲時，被指派擔任美國總領事哈里斯（日後與日本簽訂《日美修好通商條約》的人物）的看護，卻遭眾人指罵為「唐人（即外國人）」而離開下田，後來又回到下田從事理髮店與經營小料理店，但卻酗酒成性，最後投河自盡，結束其悲劇性的一生。

本書作者的真心話
各式各樣的必遊景點複習

SPOT

城崎海岸

熱川香蕉鱷魚園

白濱大濱海水浴場

高磯の湯

伊東マリンタウン

提到伊豆最具代表性的觀光勝地之一，就想到城崎海岸（→P84），在此可以遠眺接連不斷、相當壯觀的斷崖海岸線，是由約4000年前大室山（→P85）火山爆發所流出的熔岩冷卻後所形成。高23m的吊橋也很值得體驗！如果你怕高，可以到擁有世界各國16種約140頭鱷魚的熱川香蕉鱷魚園（→P88）一遊，全日本只有這裡才看得到相當罕見的"亞馬遜海牛"。既然來到伊豆，當然要推薦你到白沙灘尋找可愛的貝殼。位於下田區的白濱大濱海水浴場（MAP附錄正面⑥C3）不僅擁有美麗的沙灘，附近也有不少間海景咖啡廳。想邊眺望海景邊泡溫泉時，推薦你到位於熱川的高磯の湯（→P33），岩浴池的外面就是大海。旅行的最後，不妨到公路休息站伊東マリンタウン（→P66）選購海鮮及特產。

FOOD

在食物種類相當多樣化的伊豆，你絕不能錯過的就是海鮮蓋飯（→P60），上面不僅擺滿當天捕獲的鮮魚，外觀也相當賞心悅目，讓人看了食指大動。只有在當地才能品嘗的地魚壽司（→P58）也很值得推薦。
各位可知道哪個地方的紅金眼鯛漁獲量位居日本之冠？答案是……下田。在下田，不但能吃到紅燒紅金眼鯛，還能品嘗使用茶泡飯、握壽司等各種調理法烹調的紅金眼鯛（→P62）。另外，在稻取漁港捕獲的紅金眼鯛也是老饕們讚不絕口的美食。想吃得奢侈一點，也很推薦品嘗伊豆半島的伊勢蝦（→P95）喔。據說很久以前，伊豆韮山的代官是第一個正式製作麵包的日本人，大概是這個緣故吧，伊豆的烘培坊水準相當高，誕生了不少頂級美味的麵包（→P12）。

海鮮蓋飯

地魚壽司

紅燒紅金眼鯛

伊勢蝦

伊豆的烘培坊

SOUVENIR

魚乾

醃山葵

溫泉饅頭

果醬

玉綠茶

魚乾是招牌伴手禮的首選。這是使用伊豆近海現捕的鮮魚所製成的魚乾（→P14），因此入口後帶有脂肪的高雅魚肉會在口中逐漸化開。非常下飯的醃山葵（→P65）是使用相當新鮮的山葵製成，可以嘗到山葵清爽的香味。這兩種商品都很適合作為早餐的招牌配菜。另外，溫泉饅頭（→P83）是只有在溫泉地才能嘗到的甜點。伊東及熱海的商店街上到處都能聞到蒸溫泉饅頭的香味，種類也相當豐富，從老鋪和菓子店的名產到口味奇特的產品應有盡有。說到甜點，氣候溫暖的伊豆所栽培的水果也不容錯過，例如新夏橘製成的果醬等也很適合當作伴手禮。回到家後，請一邊啜飲將鮮葉徹底蒸熟製成的玉綠茶（→P87），一邊與朋友分享旅行的點點滴滴。

旅館
温泉
東海館

/ 區域別 /

STANDARD SPOT CATALOG

必遊景點目錄

CONTENTS

依照各區域
介紹這趟旅行中
必遊的觀光設施、
好評餐廳及咖啡廳、伴手禮資訊。

詳細交通資訊請見P134

AREA

伊東

ITO

STANDARD SPOT CATALOG

觀光

伊東市立 木下杢太郎紀念館

いとうしりつきのしたもくたろうきねんかん

身處建於180年前的建築物內 緬懷當地出身的偉人

1 使用建於明治40年（1907）的土藏造建築作為紀念館
2 展示室裡擺放了木下杢太郎的作品等，館區內亦保留其老家

為紀念身為伊東市出生的醫學者，同時也在文學、詩、美術等諸多領域留下出色功績的木下杢太郎之紀念館，館內除了展示其著作與繪畫之外，亦展示其學生時代的筆記、研究工具以及素描等。館區內亦保存木下杢太郎的老家，該建築建於天保6年（1835）。

☎0557-36-7454 MAP 附錄正面③A1
住 伊東市湯川2-11-5 JR伊東站步行5分
¥ 入館100日圓 ⏰9:00～16:30（10～3月為～16:00）休 週一（逢假日則翌日休）P 2輛

體驗

Dolphin Fantasy

どるふぃんふぁんたじー

本館實施與海豚一同嬉戲的方案，特別推薦海豚游泳體驗課程，互動之後可與海豚一起在魚槽游泳。另設有可與海豚互動、不游泳也OK的體驗課程。

☎0557-38-9133（自然體驗預約中心）
MAP 附錄背面⑩F7 住 伊東市新井2-4-14 JR伊東站車程5分 ⏰9:00～16:30（10～3月為～16:00）休 無休 P 6輛以上

體驗DATA

海豚游泳體驗課程

時期 全年 時間 10:00～、11:30～、13:00～、14:30～ 費用 11000日圓（12～3月6000日圓）
所需時間 約2小時 攜帶物品 泳衣、毛巾、涼鞋、遮陽帽（夏季）

用餐

Organic Café chant

オーガニックカフェちゃんと

這間咖啡餐廳位於離伊東只有一站的南伊東，在此可品嘗長年烹調和食的主廚使用當地有機蔬菜、糙米及雜穀米做出各種色彩豐富且美觀的佳餚。店內設有和式下嵌式座位以及露天座位，相當舒適。

☎0557-37-3520 MAP 附錄背面⑩F7
住 伊東市南町1-1-6 伊豆急行南伊東站步行5分 ⏰11:30～14:30LO、18:00～20:30LO（週一、三、四11:30～16:30LO）休 週二、第1、3週三 席 38 P 7輛

1 花午餐1350日圓，以烤魚等6種小皿為主菜

用餐

味の店 五味屋
あじのみせ ごみや

豪華的碎切竹筴魚蓋飯定食盛滿了自伊東等鄰近漁港所捕獲的新鮮竹筴魚，相當受到歡迎。此外本店亦提供五味屋什錦蓋飯2500日圓等16種各式海鮮蓋飯，選用魚種也會根據漁期而更替。

☎0557-38-5327 MAP 附錄正面③A1
伊東市湯川1-12-18 JR伊東站步行5分 11:30～14:00、18:00～21:30 休週四、第3週三 席29 P8輛

1 碎切竹筴魚蓋飯定食1460日圓，在現捕的竹筴魚上淋上生醬油享用，附小皿配菜、味噌湯與醃菜

咖啡廳

スイートハウス わかば
すいーとはうす わかば

昭和23年（1948）創業的傳統咖啡廳。招牌霜淇淋是上一代店主所創的菜單，現在也繼續守護這個傳統的味道，視季節不同調整甜度，吃起來味道濃郁，餘味清爽。另外亦有鮮奶油什錦蜜豆。

☎0557-37-2563 MAP 附錄正面③A1
伊東市中央町6-4 JR伊東站步行6分 9:00～21:30LO 休週一（逢假日則營業）席80 P無

1 招牌霜淇淋添加鮮奶油什錦蜜豆680日圓

購物

江戸屋 伊東店
えどや いとうてん

店內陳列著由地下工廠所烘培超過80種以上的麵包，是當地深受歡迎的烘培坊。亦售有種類豐富的蛋糕與配菜，只要點購飲料就能在店內的咖啡廳享用。位於JR伊東站前的湯之花通商店街入口處。

☎0557-37-4647 MAP 附錄正面③A1
伊東市猪戸1-5-32 JR伊東站即到 8:00～19:00（內用～17:30LO）休無休 席37 P無

1 本店主要販售使用柳橙、山葵等伊豆產食材所做的麵包，位於車站旁，交通便利

購物

まんじゅう屋 みその
まんじゅうや みその

只使用十勝產的紅豆與沖繩產的黑糖所製成的炸饅頭是人氣商品，旅遊旺季時甚至還會大排長龍。炸饅頭的外皮又酥又香，內層的紅豆餡柔滑綿密，帶有高雅的甜味。此外店內亦售有鹽味饅頭及當令的櫻花饅頭等商品。

☎0557-37-5000 MAP 附錄正面③A1
伊東市湯川1-16-16 JR伊東站即到 8:30～17:00 休週三 P3輛

1 炸饅頭1個145日圓～。由於完全不使用任何添加物，最好盡早食用

STANDARD SPOT CATALOG

1 城崎的象徵—門脇燈塔設有展望台 2 江戶時代末期為預防黑船來襲所設置的砲台遺跡 3 昭和期暢銷歌謠曲《城城崎藍調》的歌碑 4 門脇吊橋是城崎海岸散步路線的亮點。全長48m，高23m，可一邊俯瞰深藍的大海一邊過橋

觀光

城崎海岸（じょうがさきかいがん）

感受壓倒性的自然美
漫步在絕景海岸線上

由約4000年前大室山火山爆發流出的熔岩冷卻形成的海岸線。從ぼら納屋（→P63）走過門脇吊橋後就能抵達伊豆四季花公園。亦設有長約3km的散步路線。

☎0557-37-6105（伊東觀光協會）
MAP 附錄正面④D3 ⌂伊東市富戶
!! 伊豆急行城崎海岸站車程5分鐘到ぼら納屋停車場，或是從伊豆急行城崎海岸站步行25分 ¥🕒休自由散步 P市營門脇停車場123輛（每輛500日圓），ぼら納屋停車場100輛（每輛500日圓）

觀光

大室山
おおむろやま

可一望伊豆高原景色的360度全景視野

1 山頂的噴火口遺跡凹陷形成一個凹洞
2 在遊步道上可看到面朝天城連山的五智如來地藏尊

約4000年前發生的火山爆發中所誕生的火山，被指定為國家天然紀念物，可看到以前山頂的噴火口遺跡現在已擴大變成研缽狀的凹洞。搭纜車到山頂上後，可沿著圍繞噴火口遺跡、長約1km的遊步道走一圈，享受研缽巡禮的樂趣。

☎0557-51-0258 MAP 附錄正面④A2 ☗伊東市池672-2 ‼シャボテン公園巴士站即到 ¥自由散步（纜車往返500日圓）🕒9:00～17:15（因時期而異）休天候不佳時 P500輛

觀光

一碧湖
いっぺきこ

為周圍約4km長的葫蘆型湖，素有「伊豆之瞳」之稱，是個綠意盎然的觀光勝地。映照在湖面上的天城連山倒影相當美麗，並獲選為日本百景之一。此外湖畔亦設有遊步道，可一邊享受四季的自然風貌一邊散步。

☎0557-37-6105（伊東觀光協會）MAP 附錄背面⑩F8 ☗伊東市吉田 ‼一碧湖巴士站即到 ¥🕒休自由參觀 P45輛

1 湖的周圍設有遊步道，可欣賞春天的櫻花與新綠、秋季的紅葉等四季景觀

體驗

伊豆高原體驗之里・八幡野窯／觀音亭
いずこうげんたいけんのさと・やわたのがま／かんのんてい

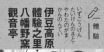

這裡備有豐富且多樣化的體驗活動，例如使用電動拉坏機及動手捏置陶器、從用石磨將蕎麥籽磨成粉開始做蕎麥麵、以及動手捏握壽司（3000日圓～）等。電動拉坏機體驗不需預約，在約40分鐘內可任意使用黏土捏製作品。

☎0557-54-3006 MAP 附錄正面④B4 ☗伊東市八幡野1666-4 ‼伊豆急行伊豆高原站步行15分 🕒9:30～18:00（做蕎麥麵、握壽司需預約）休無休 P50輛

體驗DATA
電動拉坏機體驗
時期 全年 時間 9:30～17:00最後受理（不需預約，10名以上需來電）費用 2050日圓～（燒製費、運費另計） 所需時間 約1小時 攜帶物品 無（備有圍裙與毛巾）

STANDARD SPOT CATALOG

AREA

伊豆高原

IZUKOGEN

STANDARD SPOT CATALOG

觀光

池田20世紀美術館

いけだにじゅっせいきびじゅつかん

欣賞世界級巨匠創作的現代藝術 磨練你的品味

成立於昭和50年（1975），是日本首座現代藝術美術館，收藏馬蒂斯、畢卡索、雷諾瓦、安迪沃荷等20世紀最具代表性巨匠的繪畫及雕刻等約1400件作品。除了約100件常設展示作品之外，每隔3個月會舉辦企劃展覽，更換展示作品。

☎0557-45-2211 MAP 附錄背面⑩F8
伊東市十足614 JR伊東站搭東海巴士31分，池田美術館巴士站即到 ¥門票1000日圓 9:00～17:00 休週三（逢假日、7‧8月、過年期間則開館）P50輛

1 孟克的作品《坐在地上的女人》，這是在1914年所製作令人印象深刻的木版畫 2 展示諸多世界級巨匠所畫的人物作品。左方照片是由雕刻家所設計的鋼製外觀，也很值得一看

觀光

伊豆泰迪熊博物館

いずてでいべあ‧みゅーじあむ

位於綠意盎然高原上的美術館 可愛的泰迪熊讓人心花怒放

在四周蓊鬱的英式磚瓦屋宅邸裡，蒐集了許多來自世界各國的古董泰迪熊及藝術家們所製作的泰迪熊。館內亦設有可在露天咖啡座小歇一會兒的咖啡廳以及美術館商店。

☎0557-54-5001 MAP 附錄正面④B4
伊東市八幡野1064-2 伊豆急行伊豆高原站步行9分 ¥門票1080日圓 9:30～17:00 休2‧3‧6‧12月第2週二，6月第2週三（逢假日則開館）P150輛

1 約有50隻泰迪熊搭乘的泰迪熊特快車 2 館內咖啡廳提供デンちゃん拿鐵咖啡648日圓、熊熊布朗尼540日圓等餐點 3 表情柔和溫暖的古董泰迪熊

咖啡廳
Le feuillage
る・ふぃやーじゅ

位於高原上被綠蔭環繞的咖啡廳兼烘培坊，每天早上擺滿多達約80種麵包，可在種有四季草木及充滿微小生物氣息的庭院享用現烤麵包。本店是伊豆高原最受歡迎的烘培坊，最好盡早光臨。

☎0557-53-3953 MAP 附錄正面④B3
伊東市八幡野1305-75 伊豆急行伊豆高原站車程6分 9:00～17:00 休週二 席32 P20輛

1 店內瀰漫著現烤麵包的香味。花朵隨季節變換綻放的花園也是一大亮點

咖啡廳
庭cafe
にわかふぇ

特別推薦置有吊床與露台、可眺望美麗庭院的露天咖啡座。採完全預約制，在閑靜的空間眺望經過整理的庭院，讓人不禁想一直待在這裡。店內提供窯烤披薩900日圓與飲料。

☎0557-51-8253 MAP 附錄正面④B2
伊東市大室高原2-322 JR伊東站搭東海巴士38分，大室高原二丁目巴士站即到 11:30～15:00(需預約) 休週二～四(逢假日則營業) 席20 P3輛

1 照片中的披薩為單點，午餐800日圓～等

購物
ぐり茶の杉山 伊豆高原店
ぐりちゃのすぎやま いずこうげんてん

玉綠茶是以深蒸製法製成的伊豆茗茶，透過將茶葉徹底蒸透可減少澀味，品嘗茶葉原有的甘美。店內除了售有茶葉100g540日圓～之外，亦販售店內限定的玉綠茶粉霜淇淋。

☎0557-37-1202(總店) MAP 附錄正面④C3
伊東市八幡野1105-120 伊豆急行城崎海岸站車程3分 9:00～17:00LO 休週二 席6 P20輛

1 撒上略帶苦味卻美味的玉綠茶粉的霜淇淋350日圓，加50日圓多附一杯熱茶

購物
レマンの森
れまんのもり

建築外觀宛如出現在繪本世界般相當可愛的蛋糕店。本店主廚曾在法國與「A.Lecomte」東京青山店修業，這裡可品嘗主廚所製作的30多種充分活用素材原味、味道溫和的蛋糕。亦可在露天座位享用。

☎0557-51-8117 MAP 附錄正面④B3
伊東市八幡野1244-91 伊豆急行伊豆高原站車程8分 9:00～18:00 休週三 席12 P8輛

1 使用伊豆的蛋及蜂蜜等素材製成的年輪蛋糕「This IZU BAUM」1188日圓～等商品，樣樣都是頂級美味

AREA

熱川・大川・北川

ATAGAWA OOKAWA HOKKAWA

STANDARD SPOT CATALOG

觀光 熱川香蕉鱷魚園（あたがわばななわにえん）

熱川

令人注目的稀有動物
全日本只有在本園才看得到

除了飼育來自世界各國16種約140頭鱷魚之外，還有全世界僅有4頭的亞馬遜海牛及稀有的西方小貓熊等，是座充滿精彩景點的熱帶動植物園。園內的咖啡廳亦供應各種熱帶水果，有時也會使用園內採收的水果。

☎0557-23-1105 MAP 附錄正面⑤B2 ☗東伊豆町奈良本1253-10 ‼伊豆急行伊豆熱川站步行即到 ¥門票1500日圓 ◷8:30～17:00 休無休 P150輛

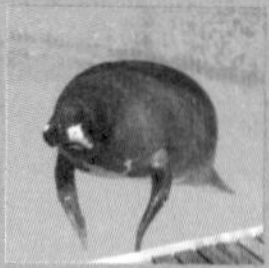

1 起身站立的南美寬吻鱷是本園的超級明星 2 全日本只有這裡有飼育西方小貓熊。左側照片是亞馬遜海牛，日本國內也只有本園飼育，全世界僅有4頭，相當珍貴

觀光 お湯かけ弁財天（おゆかけべんざいてん）

熱川

地主受到託夢挖掘到溫泉後建造而成，只要來此許願淋湯就會實現心願，此外本館也是備受注目的戀愛能量景點。本館旁邊亦設有可煮溫泉蛋的溫泉池（體驗費用一組100日圓）。

☎0557-23-1505（熱川溫泉觀光協會）MAP 附錄正面⑤B2 ☗東伊豆町熱川溫泉 ‼伊豆急行伊豆熱川站即到 ¥◷休境內自由參觀 P無

1 位於熱川溫泉街中央的女神弁財天。熱氣昇天的大型溫泉建築為標記

觀光 熱川湯の華ぱぁ～く（あたがわゆのはなぱぁ～く）

熱川

以溫泉為主題的觀光設施，溫泉熱氣冉冉升起的溫泉瞭望臺相當引人注目。足湯的溫泉是引自濱田源泉，最適合作為在溫泉街散步時的休息地點。資料館是以照片展示方式介紹熱川溫泉開發的歷史，並附設喫茶區。

☎0557-23-1505（熱川溫泉觀光協會）MAP 附錄正面⑤B2 ☗東伊豆町奈良本966-13 ‼伊豆急行伊豆熱川站即到 ¥◷自由入園（資料館9:00～17:00，足湯9:30～17:00）休無休 P無

1 附屋頂且可隨意浸泡熱川溫泉的足湯相當受歡迎。伊豆熱川站就在眼前

北川溫泉月之路
ほっかわおんせん むーんろーど

觀光｜北川

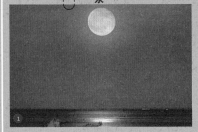

每個月滿月前後的數日內，在月亮特別閃耀的夜裡，月光會反射在海面上描繪出一條筆直的道路。據說在這個能量景點，只要在10秒鐘內對著此神秘的景象許願，就能實現願望。在北川的遊步道上到處都能看到此景色。

☎0557-23-3997（北川溫泉觀光協會） MAP 附錄正面⑤B2 ☗東伊豆町奈良本（北川溫泉） ‼伊豆急行伊豆北川站步行5分 ¥🕒休自由散步 Ⓟ無

1 月亮從水平線緩緩升起的景象充滿幻想色彩。遊步道亦設有露天座位

黑根岩風呂
くろね いわぶろ

溫泉｜北川

北川溫泉海岸的公營露天浴池。浴池位於海拔0m、距離海岸邊僅2m，在此泡湯能夠體驗宛如置身海中的感受。位於入口前方的2個露天浴池為男女混浴，內側鋪有磁磚的浴槽是女性專用浴池。更衣室為男女分開。

☎0557-23-3997（北川溫泉觀光協會） MAP 附錄正面⑤B2 ☗東伊豆町北川 ‼伊豆急行伊豆北川站步行8分 ¥600日圓 🕒6:30～9:30、13:00～22:00（19:00～21:00為女性專用） 休無休（天候不佳時休業） Ⓟ10輛

1 露天混浴浴池。開放混浴時，女性可用浴巾裹住身體

茶房&体験工房さくら坂
さぼうあんど たいけんこうぼう さくらざか

體驗｜熱川

除了有透明果凍蠟燭DIY等多樣化的體驗項目外，亦可在改建自新潟縣赤倉舊屋的茶房品嘗蛋糕及飲料，一邊聆聽鳥鳴聲一邊眺望綠油油的庭院，度過一段療癒時光。

☎0557-22-5566 MAP 附錄正面⑤B2 ☗東伊豆町奈良本1271 ‼伊豆急行伊豆熱川站即到 🕒9:30～16:00（因設施而異） 休無休 席48（茶房） Ⓟ13輛

體驗DATA

透明果凍蠟燭DIY體驗

時期 全年　時間 9:30～16:00最後受理（不需預約）　費用 1050日圓～　所需時間 約1小時　攜帶物品 無

清月堂站前店
せいげつどうえきまえてん

購物｜大川

於昭和26年（1951）創業的和洋菓子專賣店。重現蠑螺外型、造型獨特的波子最中餅是本店招牌商品，餅皮內塞滿了在店內煮的北海道十勝產紅豆、吃得到顆粒的自製紅豆粒餡。另外亦販售自家製蛋糕與餅乾。

☎0557-23-2603 MAP 附錄正面⑤B2 ☗東伊豆町大川253-13 ‼伊豆急行伊豆大川站即到 🕒8:00～18:30 休週三（逢假日則不定休） Ⓟ3輛

1 波子最中餅5個975日圓。使用糯米製成的餅皮如實呈現蠑螺外殼的突起。成金豆2個130日圓亦受到好評

AREA

稲取

INATORI

STANDARD SPOT CATALOG

活動

伊豆稻取溫泉女兒節吊飾祭

いずいなとりおんせん ひなのつるしかざりまつり

1 以雛壇為中心擺設吊飾 2 擺飾的人偶包括可帶來財運與靈力的俵ねずみ，以及拿來玩遊戲的おかたぐろ等

蘊含願望的人偶吊飾 每一個都能感受父母的心意

稻取女兒節吊飾祭是每年1月下旬～3月底舉行的傳統活動。該活動的歷史可回溯到江戶時代後期，家中有女孩的家庭用人偶吊飾取代昂貴的雛人形來慶祝女兒第一個女兒節，才誕生這項活動。活動期間以稻取文化公園「雛の館」為中心，在4個女兒節吊飾展示會場展示。

☎0557-95-2901（稻取溫泉旅館組合）MAP 附錄正面⑤A4 ☗東伊豆町稻取1729稻取文化公園 ‼伊豆急行伊豆稻取站步行15分 ¥門票300日圓 🕒1月下旬～3月底的9:00～16:30 休活動期間無休 P30輛

觀光

稻取港的早市

いなとりみなとのあさいち

每週六、日及假日8：00～12：00，都會在位於稻取港旁東伊豆町役場隔壁的立體停車場1樓舉辦早市。這裡不但有現捕的新鮮海產，還陳列許多當地採收的蔬菜水果以及東伊豆特產品等。

☎0557-95-1100（東伊豆町役場）MAP 附錄正面⑤A4 ☗東伊豆町稻取3354東伊豆町役場停車場1F ‼伊豆急行稻取站步行5分 ¥自由入場 🕒週六日、假日8:00～12:00 休營業期間無休 P無

1 伊豆漁協稻取支所直賣所也有販售稻取紅金眼鯛

用餐

かっぱ食堂

かっぱしょくどう

肉絲炒飯是曾在橫濱中華街修業的上一代店主所創的菜色，現在已成為稻取最具代表性的當地美食。以醬油為基底調味過的豬肉與高麗菜一起翻炒後，淋在炒飯上，爽口的配料不禁令人一口接著一口。

☎0557-95-2092 MAP 附錄正面⑤A4 ☗東伊豆町稻取400-4 ‼伊豆急行伊豆稻取站步行10分 🕒11:00～15:00LO 休週三 席18 P1輛

1 元祖肉絲炒飯附湯950日圓，只要嘗過就知道的好滋味

STANDARD SPOT CATALOG

用餐

くろーば

Clover

充滿居家氣氛且環境舒適的餐館。店內菜單除了有以魚介底醬油調味的肉絲炒飯之外，還有附飲料的午餐套餐、定食以及甜點等，每一樣都份量十足，讓人大飽口福。

☎0557-95-5556 MAP 附錄正面⑤A3
🏠東伊豆町稲取3011-266 🚶伊豆急行伊豆稲取站車程5分 🕒11:30～14:00、17:30～21:00(需預約) 休不定休 席20 P6輛

1 肉絲炒飯附味噌湯1000日圓～，肉絲與蔬菜等配料豐富，口感十足

咖啡廳

こみんかかふぇ じゃるーん

古民宅咖啡廳DJARM12

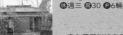

在這家由古民宅改建而成的摩登咖啡廳裡，可以享受店主嚴選的咖啡與爵士樂。店內設有地爐，保有一絲古風，氣氛相當古雅，中午可在此享用咖啡搭配甜點或午餐，晚上則提供酒類。

☎0557-95-2746 MAP 附錄正面⑤A4
🏠東伊豆町稲取3031 🚶伊豆急行伊豆稲取站車程6分鐘 🕒10:00～翌0:00 休週三 席30 P6輛

1 店主嚴選咖啡有三種：義式濃縮咖啡、美式咖啡以及卡布奇諾各500日圓

購物

おかしどころ くろはつ

御菓子処 黒初

推出許多知名甜點的老店，像是內層塞滿以國產紅豆製成的紅豆餡、口感綿柔的日式饅頭「稲取自慢」140日圓等。曾榮獲全國甜點博覽會金賞的長崎蛋糕1350日圓（1斤）也是推薦的甜點之一。此外店內亦陳列多種和菓子與西點。

☎0557-95-2976 MAP 附錄正面⑤A4
🏠東伊豆町稲取672 🚶伊豆急行伊豆稲取站步行10分 🕒8:30～18:30 休週日不定休 P無

1 使用麵粉製作的柏餅「稲取自慢」。在稲取，製作柏餅時普遍使用麵粉

購物

じぇいえいいずたいよう みかんわいなりー

JA伊豆太陽みかんワイナリー

將當地產的溫州蜜柑進行加工的釀酒廠。使用整顆伊豆特產新夏橘所釀製的新夏橘酒、伊豆橘子紅酒等，都是伊豆特有的銘酒，適合當作伴手禮。亦可免費參觀工廠及試喝。

☎0557-95-5151 MAP 附錄正面⑤A3
🏠東伊豆町稲取3348-13 🚶伊豆急行伊豆稲取站車程7分 🕒8:30～17:00 休1月1～3日 P10輛

1 新夏橘酒
770日圓（300ml）、1240日圓（500ml）

AREA

河津

KAWAZU

STANDARD SPOT CATALOG

觀光

河津Bagatelle公園

かわづばがてるこうえん

在充滿花香與美景的玫瑰花園裡度過大人的時間

為忠實重現巴黎玫瑰花園的法式庭園。在5月中旬～7月上旬以及10～11月一年2次的花期期間，共有約1100種6000株玫瑰競相爭艷，千萬別錯過珍貴品種及新品種玫瑰。園內亦設有商店。

☎0558-34-2200 MAP 附錄正面⑥C2 ☗河津町峰1073 伊豆急行河津站車程10分 ¥入園1000日圓（因時期而異）9:30～16:30（因時期而異）休週四（因時期而異）P200輛

1 設計成左右對稱的美麗法式庭園。園區內到處洋溢著玫瑰的芬芳 2 園內亦附設有對玫瑰如數家珍的園藝用品店 3 紅、橙、紫、白等色彩繽紛的可愛玫瑰競相爭艷

活動

河津櫻花祭

かわづさくらまつり

河川沿岸綿延的桃色櫻花 提前綻放的河津櫻迎接春天到來

從2月上旬開始為期約1個月，河津川沿岸長約4km、共計800多棵，整個城鎮共計約8000棵的河津櫻陸續開花，吸引了諸多觀光客，相當熱鬧。河津川沿岸設有約150個攤位，販售特產品及櫻花相關美食。18～21時亦舉辦點燈活動。

☎0558-32-0290（河津町觀光協會）MAP 附錄正面⑥C2 ☗河津町全域 伊豆急行河津站即到 ¥休自由散步 P約1600輛（使用河津櫻花祭實行委員會停車場等，1天500日圓～）

1 河津櫻為山櫻花與提早綻放的大島櫻自然雜交種，比染井吉野櫻還要深的深桃紅花色為其特徵 2 位於踊り子溫泉会館後方的遊步道。道路的左右兩側長滿了高度略矮的河津櫻，宛如櫻花隧道般

咖啡廳

LOKANTA kitchen & café
ろかんた きっちん あんど かふぇ

1 右手邊可以眺望大海，左手邊可以眺望櫻花樹的露天咖啡座
2 使用河津產醃山葵、乳酪及蜂蜜所做的天城吐司1000日圓，附沙拉與飲料

建於河津川河口的人氣咖啡廳
坐在特等席一覽整排櫻花樹

地理位置良好，能從露天咖啡座及店內眺望整排櫻花樹是本店的魅力之一。店內除了提供塗抹當地名產醃山葵製成的烤吐司與舌べろ餅500日圓（冬季限定，附熱茶）之外，亦可品嘗各國料理。使用櫻花利口酒做成的櫻花咖啡600日圓也不容錯過。

☎0558-32-1600 MAP 附錄正面⑥C2
河津町谷津426-9 伊豆急行河津站步行8分
9:00～17:00(櫻花祭期間10:00～) 休週二、三(櫻花祭期間照常營業) 席16 P4輛

咖啡廳

きりん館
きりんかん

在這間咖啡廳可品嘗耗費約8小時萃取出的正統冷泡咖啡450日圓。店內除了提供本山葵聖代570日圓等使用天城山的本山葵製成的甜點之外，當季戚風蛋糕也很值得推薦。位於河津站前，交通相當便利。

☎0558-32-0007 MAP 附錄正面⑥C2
河津町浜160-3 伊豆急行河津站即到
9:30～16:30LO 休週四、第2・4週三 席21 P無

1 使用天城產山葵所做的山葵雪克650日圓，冷泡咖啡550日圓附迷你冰淇淋

溫泉

舟戸の番屋
ふなどのばんや

本館是體驗型觀光設施，設有大海一望無際的露天浴池，並提供使用炭爐烤蠑螺、魚乾等BBQ、以當地食材製作鹽、涼粉、魚乾等多樣化的體驗活動。此外亦設有淋浴室200日圓及免費足湯等設施。

☎0558-32-0432 MAP 附錄正面⑥C2
河津町見高358-2 伊豆急行今井濱海岸站步行5分 ¥300日圓 10:00～16:00 休週二 P16輛

1 女性專用的露天浴池。需注意的是這裡沒有盥洗區，因此禁止使用肥皂與洗髮精

觀光

「下田港內巡遊」觀光船 黑船「SUSQUEHANNA」

しもだこうないめぐり ゆうらんせん くろふねさすけはな

以佩里提督的心情搭乘水上觀光船 巡遊瀰漫幕末氣息的港町

這艘觀光船是以佩里提督前來日本時所搭乘的SUSQUEHANNA號為主題，在為時約20分鐘的航行時間，可一邊眺望佩里艦隊的下錨之地、吉田松陰企圖偷渡而躲藏的弁天島以及沿海的街道，一邊巡遊下田灣。

☎0558-22-1151(伊豆Cruise下田本社)
MAP 附錄正面⑦D2 ⌂下田市外ヶ岡 伊豆急行伊豆急下田站步行15分 ¥乘船1200日圓(特別展望室需另付500日圓) 9:10～15:30(因季節而定亦有16:00發船的臨時班次) 休天候不佳時 P30輛

1 從「公路休息站開国下田みなと」旁的觀光船乘船處出航，繞下田港一周 2 下田灣的海浪平穩，船身不易搖晃。從船上看到的寢姿山也相當美麗

觀光

下田海中水族館

しもだかいちゅうすいぞくかん

善用自然地形之利、可與海洋裡的夥伴們直接互動的水族館

利用天然海灣地形建造的水族館。在重新整修後的企鵝展示區，一抬頭就能從鋼架搭建的海底隧道看到企鵝，此外本館亦舉辦在沙灘與海豚嬉戲、海豚及海獅表演秀等活動。

☎0558-22-3567 MAP 附錄正面⑦B4
⌂下田市3-22-31 伊豆急行伊豆急下田站搭南伊豆東海巴士7分，下田海中水族館巴士站即到 ¥門票2000日圓 9:00～16:30(因時期而異)
休無休(12月有休館，需洽詢) P200輛

1 海豚表演秀在館內2個會場舉行，所需時間約15分鐘，場次為10時、12時、14時、16時開演 2 企鵝展示區經過重新整修，能更清楚地看到企鵝的姿態。亦可體驗餵食企鵝

AREA
下田
SHIMODA

STANDARD SPOT CATALOG

觀光

了仙寺
りょうせんじ

1

這座古剎是嘉永7年（1854）簽訂《下田條約》的會場，也是宣告長達200年的鎖國政策終結的舞台。5月中旬到下旬期間，1000株番茉莉在寺內競相爭艷。

☎0558-22-0657 MAP 附錄正面⑦A3
🏠下田市七軒町3-12-12 ‼伊豆急行伊豆急下田站步行10分 ¥境內自由參觀（MoBS黑船博物館門票500日圓） 🕒境內自由參觀（MoBS黑船博物館8:30～17:00） 休12月24～26日 P40輛

1 寺內亦設有博物館，展示本寺所收藏的黑船與開國相關實體資料

觀光

寶福寺
ほうふくじ

1

以幕末為舞台的電影《唐人阿吉》中出現的菩提寺，寺內仍保留阿吉的墳墓、坂本龍馬與山內容堂會面的房間，以前勝海舟也曾經來訪，是間歷史悠久的寺廟。本寺亦受理御朱印（300日圓）。

☎0558-22-0960 MAP 附錄正面⑦B2
🏠下田市1-18-26 ‼伊豆急行伊豆急下田站步行5分 ¥境內自由參觀（阿吉紀念館門票400日圓） 🕒境內自由參觀（阿吉紀念館、御朱印8:00～17:00） 休無休 P15輛

1 亦附設阿吉紀念館，展示阿吉的照片與其愛用物品

觀光

下田開國博物館
しもだかいこくはくぶつかん

1

這間歷史資料館介紹幕末時期與下田淵源深厚的歷史人物，並展示佩里與黑船、簽訂《日美修好通商條約》的哈里斯等多達約1000件的資料。另外，本館亦保存豐富的氏神八幡神社下田太鼓祭相關資料。

☎0558-23-2500 MAP 附錄正面⑦A3
🏠下田市4-8-13 ‼伊豆急行伊豆急下田站步行10分 ¥門票1200日圓 🕒8:30～17:00最後入館 休無休 P50輛

1 本館收藏資料多達4000件，其中常態展示為1000件，會不定期更替展示品

用餐

磯料理 辻
いそりょうり つじ

1

於昭和30年（1955）創業的正統海鮮料理店。由於本店是海產批發商所經營的直營店，在此可以品嘗鮮度超群的海鮮料理。例如將大隻伊勢蝦帶殼一起豪邁地燒烤而成的鬼殼燒、口感彈牙的新鮮蠑螺也是本店的人氣菜色。

☎0558-22-0269 MAP 附錄正面⑦C4
🏠下田市3-19-36 ‼伊豆急行伊豆急下田站搭南伊豆東海巴士7分，下田海中水族館巴士站步行5分 🕒11:00～15:30、17:30～21:30 休週三（逢假日則前天或翌日休） 席50 P4輛

1 鬼殼燒3000～4000日圓

AREA

下田

SHIMODA

STANDARD SPOT CATALOG

用餐

かふぇ ちとせや

Cafe Chitoseya

在這間咖啡廳＆餐酒館可以享用堅持使用靜岡縣產食材所做的創作料理，其中以含有肉類料理、副菜、松露巧克力等菜色豐富的成人午餐最受歡迎。店內充滿復古氣氛，亦設有和式座位，讓人可以好好放鬆。

☎0558-27-0387 MAP 附錄正面⑥C3
☗下田市東本郷2-1-17外岡ビル1F ‼伊豆急行伊豆急下田站步行5分 🕒11:00～14:30LO、18:00～22:00LO 休週三、每月1次週日 P2輛

1 充滿本店名產的成人午餐1300日圓，每天更換菜色

用餐

すぺいんりょうり みのりかわ

西班牙料理 MINORIKAWA

由曾在西班牙修業過的主廚使用靜岡縣嚴選食材所做的西班牙料理，是本店的賣點。經槍殺後再碳烤的碳烤下田產鹿肉2480日圓、富山的生蘑菇與生火腿860日圓等菜色，均與紅酒相當對味。

☎0558-27-0806 MAP 附錄正面⑦B1
☗下田市1-1-12 ‼伊豆急行伊豆急下田站即到 🕒17:30～22:00LO 休週四 席16 P無

1 本店除了提供碳烤下田產鹿肉等單點菜色之外，只要於前天預約亦受理供應全餐料理

用餐

かまあいな（しもだぺりーろーど くら）

KAMA'AINA（Shimoda Perry Road 蔵）

1 味道溫和的紅金眼鯛與海瓜子海鮮咖哩1350日圓（限中午）
2 在佩里小路上常可看到的建築物

融入復古街道的夏威夷餐廳

這間位於建築風格復古且摩登的複合式設施「蔵」內的酒吧餐廳，是由一對熱愛夏威夷的夫婦所經營，店內裝潢以摩登夏威夷為主題，在此可品嘗充滿店主堅持的夏威夷料理。中午提供咖哩及義大利麵等餐點，晚上則經營酒吧。

☎0558-27-1580 MAP 附錄正面⑦B3
☗下田市3-10-13 ‼伊豆急行伊豆急下田站步行12分 🕒11:00～16:00、18:00～21:00LO 休週二 席25 P無

草画房
そうがぼう

咖啡廳

被書籍與舊道具圍繞、氣氛平靜的古董咖啡廳

這間咖啡廳將大正時代以伊豆石建造的古民宅當作店面，平時是身兼藝術家的店主的工房，只有在週六、日及假日才經營咖啡廳。店內的和式座位及在土間的桌位上，擺設了從歐洲、亞洲及國內蒐集到的傢俱與小飾品。

☎0558-27-1123 MAP 附錄正面⑦B3
🏠下田市3-14-6 ‼伊豆急行伊豆急下田站步行13分 🕒11:00～17:00(僅週六日、假日營業) 休不定休(請來電確認) 席30 P無

1 這間咖啡廳建於佩里小路的逢坂橋旁，店內飾有書籍、舊道具以及雕刻等 2 冰抹茶卡布其諾750日圓。另外也很推薦咖啡歐蕾、乳酪蛋糕、抹茶附點心750日圓

平井製菓
ひらいせいか

購物

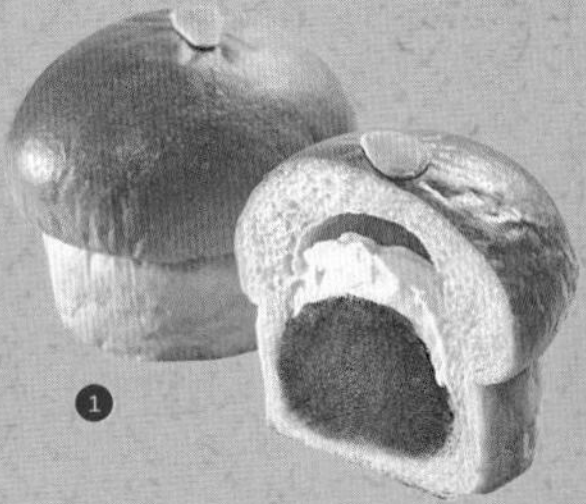

下田最具代表性的和菓子店。招牌商品是香菇外型的下田紅豆麵包1個185日圓，自家製的爽口紅豆餡搭配柔軟的麵包，滋味絕佳。另外也很推薦哈里斯先生的牛奶紅豆麵包205日圓，添加了柔軟的奶油。

☎0558-22-1345 MAP 附錄正面⑦B2
🏠下田市2-11-7 ‼伊豆急行伊豆急下田站步行9分 🕒9:00～19:00 休週三 P無

1 哈里斯先生的牛奶紅豆麵包。麵團內添加牛奶一起揉製，口感相當扎實

下田日待
しもだひまち

購物

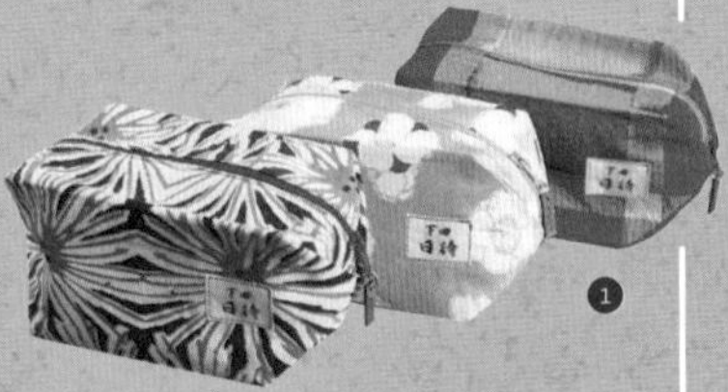

由一對下田出身的夫婦所經營的手工製和式雜貨店。從太鼓祭使用的浴衣、顏色鮮艷的手巾，到花色大膽的化妝包與手提包等，應有盡有。店內亦售有木牌與鑰匙圈，可使用精密雷射雕刻代客刻上姓名或圖案。

☎0558-22-1514 MAP 附錄正面⑦B3
🏠下田市3-1174-7 ‼伊豆急行伊豆急下田站步行15分 🕒11:00～15:00 休週二～五 P1輛

1 化妝包各900日圓，從挑選布料與花色均可感受到製作者的品味與堅持

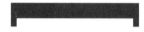

GOOD TO SLEEP
伊東～下田地區嚴選住宿指南

伊東 —— 飯店

しおさいのりぞーと ほてるうみ
潮騷のリゾート ホテル海

能充分感受伊豆自然的溫泉飯店，所有客房均設有可眺望山景與大海的露台。佔地4500坪的廣大建地內僅打造15間客房，如此奢華也是本飯店的一大特徵。至於溫泉，不分男女均提供源泉放流式的露天浴池。晚餐則可享用使用伊豆食材所做的摩登和食。

☎0557-51-0393 MAP 附錄正面④D1 ☗伊東市富戸字花生場1214-1 ‼伊豆急行富戸站步行12分 ◷IN15:00/OUT11:00 ¥1泊2食19150日圓～ Ⓟ30輛

伊東 —— 洋風民宿

きんめだいのやど こころね
金目鯛の宿 こころね

可以吃到使用秘傳醬汁燉煮出肉質鮮嫩鬆軟的紅燒金眼鯛，能盡情享受伊勢蝦、鮑魚等伊豆海鮮的晚餐深受好評。到了晚上，你可以將源泉放流式露天浴池包租下來，在此欣賞伊東夜景與滿天星空。亦提供特製精油。

☎0557-47-4547 MAP 附錄背面⑩F6 ☗伊東市宇佐美3713-16 ‼JR宇佐美站車程5分(有接送服務，採預約制) ◷IN15:00/OUT11:00 ¥1泊2食13800日圓～ Ⓟ10輛

伊東 —— 旅館

やわたのおんせんきょう もりのゆ きらのさと
八幡野溫泉鄉 杜の湯 きらの里

在佔地6600坪的廣大建地上，重現日本人心中所描繪的里山心象風景。除了擁有4間各異其趣的客房之外，館內亦設有具備8種充滿田園風格浴池的大浴場以及3座免費包租浴池，讓人可一邊感受里山的自然氣息，一邊享受泡湯的樂趣。另外隨季節更換的宴席料理也極具人氣。

☎0557-55-3311 MAP 附錄正面④B3 ☗伊東市八幡野1326-5 ‼伊豆急行伊豆高原站車程7分(有接送服務) ◷IN15:00/OUT11:00 ¥1泊2食23000日圓～ Ⓟ50輛

伊東 —— 旅館

はなのくも
花の雲

在森林中擁有佔地3000坪的建地、備有7間風格迥異客房的隱密旅館。所有的客房內均設有注入溫泉的專用露天浴池及開放式露台，讓旅客在四季變換的景觀環繞下享受奢侈的泡湯樂趣。晚餐則提供在傳統懷石料理中增添西式菜色的創作料理。

☎0557-33-1155 MAP 附錄正面④C3 ☗伊東市富戸925-48 ‼伊豆急行伊豆高原站車程5分 ◷IN15:00/OUT10:00 ¥1泊2食26400日圓～ Ⓟ5輛

熱川 —— 旅館

ぼうすい
望水

此館的料理長曾榮獲靜岡縣「ふじのくに食の都づくり仕事人」表揚，其所做的精緻料理大有人氣。除了提供以石烤海鮮為名產的「磯懷石」等全餐之外，亦提供使用當地產食材所做的優雅料理。太平洋近在眼前的絕佳地理位置，也是本館的一大魅力。

☎0557-23-1230 MAP 附錄正面⑤B2 ☗東伊豆町奈良本1126-6 ‼伊豆急行伊豆熱川站車程7分(有接送服務，採預約制) ◷IN14:00/OUT10:00 ¥1泊2食30390日圓～ Ⓟ30輛

熱川 —— 旅館

かたせかんひいな
片瀬館ひいな

料理長從曾是北大路魯山人徒孫的前任料理長繼承了傳統技法並加以活用，做出盛滿伊豆的新鮮海鮮及當令山珍的創作料理，深受顧客好評。本館亦備有可眺望大海的露天浴池、開放式大浴場、免費的包租浴池等注入溫泉名湯的各項溫泉設施。

☎0557-23-2323 MAP 附錄正面⑤B3 ☗東伊豆町片瀬 6-1 ‼伊豆急行伊豆熱川站步行15分(有接送服務，採預約制) ◷IN15:00/OUT10:00 ¥1泊2食17280日圓～ Ⓟ20輛

稲取 —— 旅館

いなとりそう
いなとり荘

新鮮海鮮料理深受好評，從本日推薦海鮮到客製化生魚片等應有盡有。館內的溫泉棟亦備有大全景展望大浴場、4座包租露天浴池（50分鐘1050日圓）等13種浴池，早晨在休息區亦提供紅金眼鯛味噌湯。

☎0557-95-1234 MAP 附錄正面⑤A4 ☗東伊豆町稻取1531 ‼伊豆急行伊豆稻取站車程5分(有接送服務，採預約制) ◷IN14:00/OUT12:00 ¥1泊2食19440日圓～ Ⓟ70輛

伊東　旅館

ぜっけいはなれのやど つきのうさぎ

絶景の離れの宿 月のうさぎ

本館為人氣獨棟旅館，所有客房都設有可欣賞近在眼前的大海與大島絕景的露天浴池。浴池空間寬敞豪華，足以容納5～6人舒適地泡湯，你可在此獨享美景與溫泉。晚餐是能品嘗伊豆四大豪華食材——伊勢蝦、鮑魚、紅金眼鯛以及富士山和牛的創作料理。

1 大島絕景近在眼前的露天浴池。從所有客房都能獨占這奢侈的景觀　2 使用豪華食材製作的晚餐範例

☎0557-52-0033 MAP 附錄背面⑩G8 ☗伊東市富戸沢向1299-3 ‼伊豆急行川奈站車程10分 🕒IN15:00/OUT11:00 ¥1泊2食44106日圓～ P8輛

伊東　旅館

おやど うちやま

お宿 うち山

所有客房均採獨棟建築，為2層公寓式客房，讓旅客保有私人空間。1樓設有屋內浴池，2樓的露台則設有露天浴池，可看到對面的伊豆高原及大海。在館內的餐館裡，可品嘗到活用當地及來自全國各地的嚴選食材所做的懷石料理。

1 所有客房均設有可眺望大海的開放式露天浴池。照片為位於るりそう棟及ときそう棟2樓的露天浴池　2 位於なでしこ棟與ささゆり棟2樓的客房

☎0557-52-0010 MAP 附錄正面④B2 ☗伊東市大室高原2-716 ‼伊豆急行伊豆高原站車程10分 🕒IN15:00/OUT11:00 ¥1泊2食46000日圓～ P8輛

熱川　旅館

奈良偲の里　玉翠

奈良偲之里　玉翠

建築採取數寄屋造設計並加入摩登元素，營造出優雅的空間是一大魅力。本館位於樹木茂盛的熱川山腳下，彷彿隱密的藏身之處。四周竹林環繞的包租露天浴池以及可欣賞山巒四季風貌的附露天浴池大浴場，均奢侈地注入湯量豐沛的自家源泉放流式溫泉。

1 注入源泉放流式溫泉的包租露天浴池。到了夜晚，竹林在燈光的照射下充滿幻想色彩　2 和式摩登標準客房

☎0557-23-2171 MAP 附錄正面⑤A2 ☗東伊豆町奈良本39-1 ‼伊豆急行伊豆熱川站車程5分(有接送服務，採預約制) 🕒IN15:00/OUT10:00 ¥1泊2食24300日圓～ P11輛

熱川　旅館

おやどしらなみ

お宿しらなみ

這間溫泉旅館的露天浴池及大浴場使用的是自家源泉放流式溫泉，並提供每一時段一組客人包租使用的服務。全館共9間客房，充滿居家氣氛，價格實惠，晚餐還能嘗到船盛生魚片及紅燒紅金眼鯛等美食。請盡情享用東伊豆的溫泉與海鮮料理吧。

1 豐盛的東伊豆海鮮料理，最推薦想大快朵頤海鮮大餐的人享用　2 可包租的大浴場

☎0557-23-0886 MAP 附錄正面⑤B3 ☗東伊豆町片瀬575-7 ‼伊豆急行片瀬白田站步行5分 🕒IN15:00/OUT10:00 ¥1泊2食16350日圓～ P8輛

河津　旅館

きりのかおり さくら

桐のかほり 咲楽

減少接待旅客人數，1天只接4組客人並讓旅客享受最好的款待是一大特徵。晚餐提供在地當令鮮魚以及稀少的品牌牛「伊豆牛」沙朗牛排。地點位於可瞭望今井濱海岸的高台，全館極具和式摩登風格的客房裡均設有可眺望大海的浴池。

☎0558-32-3001 MAP附錄正面⑥C2 河津町見高182-1 伊豆急行今井濱海岸站即到 IN14:30/OUT11:00 ¥1泊2食28100日圓～ P10輛

下田　旅館

しもだやまとかん

下田大和館

建於高台上，可瞭望多多戶濱的美麗白沙灘與湛藍海洋，所有客房均採取大海一望無際的海景建築。從位於最高層的大浴場及靠近海邊的包租浴池「SPA VILLA」，也能夠眺望大海景色。料理共有2種，一種是炭火宴席料理，另一種則是可在房間或餐廳享用的海鮮宴席料理。

☎0558-22-1000 MAP附錄正面⑥B3 下田市吉佐美2048 伊豆急行伊豆急下田站車程7分（有接送服務） IN15:00/OUT11:00 ¥1泊2食11490日圓～ P80輛

下田　旅館

ときいちゆう

季一遊

以能在南伊豆閑靜的弓濱海岸享受泡湯樂趣為特色。除了設有3種被美麗庭園包圍的露天浴池之外，亦備有3間包租露天浴池，只要無人使用就能免費入浴。晚餐則在優雅的客房享用豐盛的海鮮，度過一段奢華時光。

☎0558-62-5151 MAP附錄正面⑥B4 南伊豆町湊902-1 伊豆急行伊豆急下田站車程15分（有接送服務，採預約制） IN15:00/OUT11:00 ¥1泊2食22680日圓～ P40輛

下田　飯店

さとやまのべっていしもだせんとらるほてる

里山の別邸 下田セントラルホテル

佇立在擁有豐富的自然景色、連接到天城山系里山的飯店。在「せせらぎの湯処」可以享受開放式溫泉浴，並備有和式摩登和室、附露天浴池等6種客房。料理方面，提供以伊勢蝦、紅金眼鯛等海鮮為主的料理，並隨季節更換菜單。

☎0558-28-1126 MAP附錄正面⑥B2 下田市相玉133-1 伊豆急行伊豆急下田站車程20分（有接送服務，採預約制） IN15:00/OUT11:00 ¥1泊2食28080日圓～ P50輛

下田　飯店

しもだびゅーほてる

下田ビューホテル

所有客房均為海景客房，可以欣賞觀光勝地外浦海岸。由於飯店位於向東的高台上，天氣晴朗的早晨，可從客房悠閒地眺望旭日東昇的全景。溫泉方面，館內設有2間景觀極具人氣的大浴場，並設有可欣賞海景及被庭園圍繞2種露天浴池。

☎0120-289-489 MAP附錄正面⑥C3 下田市柿崎633 伊豆急行伊豆急下田站車程6分（有接送服務，採預約制） IN15:00/OUT10:00 ¥1泊2食18000日圓～ P80輛

下田周邊　旅館

いずのやど れんだいじおんせん せいりゅうそう

伊豆の宿 蓮台寺温泉 清流荘

這是間建於內行人才知道的泡湯處──蓮台寺溫泉的溫泉名湯旅館。擁有3道湧泉量豐沛的自家源泉，並注入充滿田園風格的岩浴池及庭園浴池、大浴場及包租浴池中。此外，館內亦設有25m長的溫泉游泳池，可充分享受度假村氣氛。內附半露天浴池的客房也極具人氣。

☎0558-22-1361 MAP附錄正面⑥B3 下田市河內2-2 伊豆急行蓮台寺站步行5分（有接送服務，採預約制） IN14:00/OUT11:00 ¥1泊2食23760日圓～ P25輛

 1泊2食、1泊附早餐、純住宿的價格均為2人1房時每人所需費用。單人房、雙床房的價格均為一個房間所需費用。

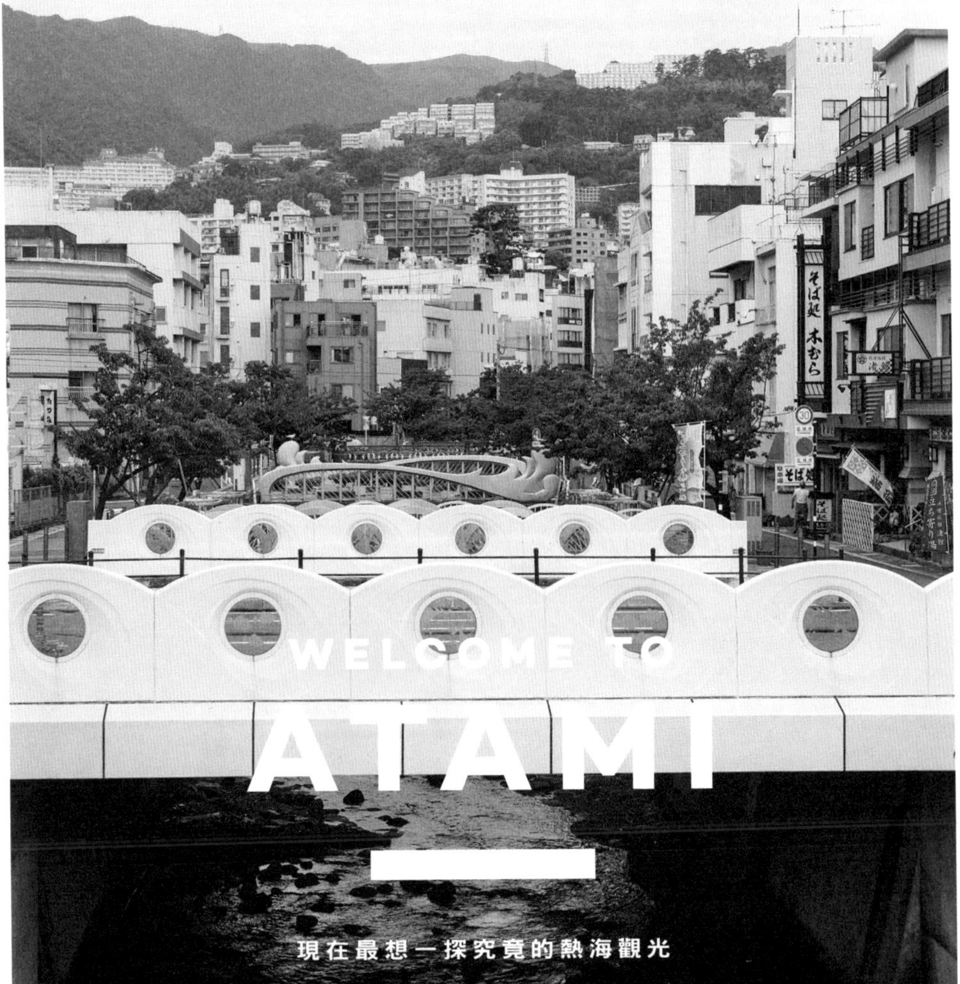

WELCOME TO

ATAMI

現在最想一探究竟的熱海觀光

在熱海的溫泉度過 Relax time

現在熱海最熱門的是 高級SPA度假飯店

在這奢華的空間，可從寬敞的窗戶眺望熱海的大海與街道。
不妨在度假飯店的SPA裡，度過一段犒賞自己的最佳時光吧。

COMMENTED BY 大島佳子 WRITER

1

熱海郊外

ほしの りぞーと りぞなーれ あたみ すぱ

Hoshino Resort RISONARE ATAMI SPA

療癒的度假飯店SPA重新整修

位於熱海山上的「星野集團 RISONARE熱海」飯店附設SPA經整修，於2016年6月重新開幕。在被森林圍繞、療癒效果滿分的環境中，身心也為之一振。詳細療程與方案請來電洽詢。

☎050-3786-0055（RISONARE預約中心）
熱海市水口町2-13-1星野リゾート リゾナーレ熱海2F
JR熱海站搭接送巴士20分 P50輛
等…需洽詢
浴池…內湯：男女各1、半露天：男女各1

MAP 附錄正面①A3

2

3

4

1 朋友或情侶均可使用 2 飯店內附設樹屋「森林的空中基地KUSUKUSU」 3 飯店大廳的攀岩牆 4 飯店2樓設有溫水游泳池

PICK UP

Just Relax Time♪

感覺就像
公主般♪

飯店內擺有
旅行書與寫真集

1 亦備有附床幔施術專用檯　2 精油護理能讓身體放鬆　3 注入熱海溫泉的大浴場「明星之湯」
4 Book&Café裡擺放約600本書籍

STAY INFO

星野リゾート　リゾナーレ熱海

星野集團 RISONARE熱海

位於高台上的溫泉度假飯店，可俯瞰熱海街道及大海。從客房及大浴場的寬敞窗戶能夠欣賞絕景，亦設有可在森林盡情遊玩的各項活動。

☎050-3786-0055（RISONARE預約中心） MAP 附錄正面①A3
1泊2食…20600日圓～　IN/OUT…15:00／12:00　客房…76間

1 所有客房均為海景客房。照片中是Superior View房
2 入住者專用的大浴場「明星之湯」。滿月前後的夜晚可以看到月之路

(熱海銀座周邊)

サナシオン・スパ

Sanación Spa

一邊欣賞海灘景色，一邊度過放鬆時光

本沙龍使用海洋療法的第一品牌岱蔻兒（Thalgo）產品實施護理療程，且擁有面海的絕佳立地條件，能讓訪客身心均獲得療癒。想當日來回的遊客，亦可選擇搭配溫泉與咖啡廳（→P110）午餐的方案9210日圓～。

☎0557-86-0300 MAP附錄正面②B1
熱海市東海岸町3-19MICURAS 酒店8F
JR熱海站步行12分
Ⓟ入住者專用25輛(1晚1080日圓)

…14:00～23:30(週六日、假日12:00～24:00) 休…無休 ¥…Body Standard Visitor 15120日圓等
浴池…內湯：男女各1 露天：男女各1
不住宿溫泉…14:00～21:00(因時期則有變動)，成人2500日圓(附浴巾與毛巾)

附SPA住宿專案…1泊2食32000日圓～

1 施術室包括1間情侶套房、5間個人房以及氧氣膠囊 2 施術後可一邊欣賞正前方的海景，一邊進行術後諮詢 3 喝杯花草利口酒放鬆心情

PICK UP

Just Relax Time♪

從體內
開始變美♪

1 在充滿開放感的露天浴池，能看到一望無際的大海。SPA與露天浴池位在同一樓層，不但能夠做SPA，還能泡溫泉　2 施術後所提供的花草利口酒，可加水或蘇打水等稀釋飲用，亦可在SPA櫃台或酒店大廳購買。¥各2484日圓～　3 海景浴池是SPA套房住宿方案的選項之一，可搭配護理療程一起使用。此外，本酒店配合熱海煙火大會的舉辦日，亦有推出在酒店欣賞煙火的豪華住宿方案。¥20分鐘1620日圓※追加護理療程的費用

STAY INFO

ホテル　ミラクス

MICURAS酒店

從海景客房能充分欣賞充滿度假村氣氛的海景，而每間山景客房均附設源泉放流式溫泉。

☎0557-86-1111 MAP 附錄正面②B1
1泊2食…20500日圓～(價格為2人1房時每人所需費用)　IN/OUT…14:00／12:00　客房…62間

1 從海景客房Suprior往外看，熱海陽光海灘的絕美景色在眼前展開　2 溫泉使用的是酒店境內的源泉。在大浴場也可欣賞到朝日從水平線升起的景象

從熱海搭船 25 分鐘 到初島短期度假

想在熱海體驗度假村氣氛，建議最好到初島。
不論是悠閒派或是戶外活動派，都能在這四周環海的小島上享受最佳的自然體驗。

COMMENTED BY 大島佳子 WRITER

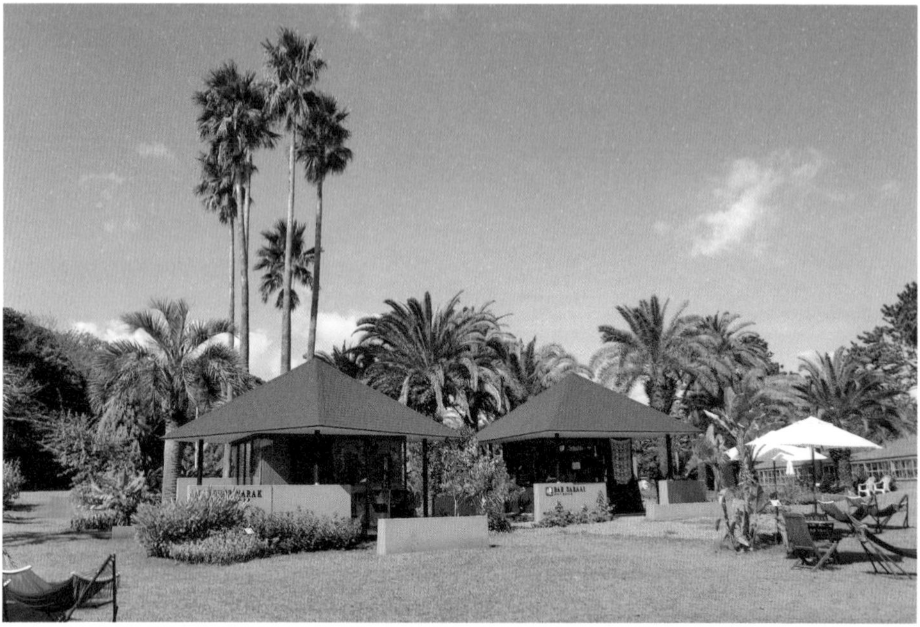

ASIA GARDEN
R-Asia

園內被棕櫚樹等亞熱帶植物圍繞的廣大草地上，到處都設有遮陽傘與吊床，可在此度過一段悠閒放鬆的時光。¥入園950日圓 ⏰9:00～16:00 休週四（黃金週、暑假、過年期間照常營業）

（初島）

はつしまアイランドリゾート

初島島嶼度假村

初島的魅力 全濃縮在這塊度假區

初島在距離熱海港約10km的海面上浮出，周圍長約4km，是座步行一圈就能逛完的小島。島上沒有超商及ATM，路上也看不到計程車及巴士，想體會這座小島的魅力，就要到初島島嶼度假村來。你可以在「ASIA GARDEN R-Asia」欣賞療癒人心的南國植物，或是在「初島Adventure SARUTOBI」體驗充滿驚險刺激的活動等，都能讓你身心得到充電。

熱海～初島之間的交通船一天往返9個班次（12～1月往返7個班次）

☎0557-67-2151 MAP 附錄背面⑩G6
🏠熱海市初島1113
‼往熱海港的交通手段，可以在JR熱海站開車10分，或是在JR熱海站搭東海巴士往熱海港，後樂園方向15分，在熱海港巴士站下車即到。從熱海港到初島港可以搭富士急MARINE RESORT的高速船約25分（乘船費來回2400日圓）。從初島港到初島島嶼度假村入園口步行10分

"TAKE A HOLIDAY"

1
海泉浴「島の湯」
為不住宿溫泉的入浴設施，將富含礦物質的井水燒開後使用。 ¥入浴900日圓 🕒10:00～17:00 休週四(黃金週、暑假、過年期間照常營業)

2
初島Adventure SARUTOBI
繫上安全帶，穿梭在茂盛樹木之間的野外活動路線。¥門票1600日圓 🕒10:00～最後受理16:00 休週四(黃金週、暑假、過年期間照常營業)

3
島Cafe
提供印尼炒飯午餐拼盤980日圓等異國料理，可享用南國風甜點及飲料。 🕒9:00～16:00 休週四(黃金週、暑假、過年期間照常營業)

STAY INFO

あいらんどきゃんぷ ゔぃら
Island Camp Villa
提供帳篷及露營車2種類型的住宿設施。設有冷暖氣，一年四季都能在此度過愉快的假期。別墅位於山丘上，可俯瞰大海，絕佳的視野也是本設施的一大魅力。

¥1泊2食7700日圓～(包含「ASIA GARDEN R-Asia」入園費、海泉浴「島の湯」以及「海のプール」使用費)
休週三、四(黃金週、暑假、過年期間照常營業)

1 不論是帳篷或是露營車均設有可供BBQ的露台 2 帳篷內鋪有地板，亦備有柔軟的地毯

GOURMET GUIDE

當地人也經常光顧
真正美味的海鮮餐點

熱海鄰近廣大的太平洋，可說是海鮮的寶庫。
為了吃這個，還想再來熱海！連當地人及常客都讚不絕口的絕品美食。

COMMENTED BY 大島佳子 WRITER

熱海銀座周邊

かいこうらくぜん かまつる
海幸楽膳 釜つる

由總店位於熱海銀座的「釜鶴ひもの店」所經營的日式料理店。推薦菜色是附2種魚乾的魚乾定食，由於本店將每天進貨的當令鮮魚趁新鮮時製成魚乾，因此富含鮮味。亦可點選店舖所販售的數十種魚乾。

☎0557-85-1755 MAP 附錄正面②B2
熱海市銀座町10-11 JR熱海站步行15分 11:30～14:00LO、17:30～20:30LO 休週三・第3週四(月份不同亦有變更) 席20 P3輛

1 五代目蓋飯1620日圓，可享用半生竹筴魚、烤竹筴魚碎肉、以及川邊櫻花蝦3種蓋飯　2 竹筴魚與梭子魚魚乾定食2160日圓
3 位於販賣商店旁
4 設有吧檯座與和式座位

1 海鮮蓋飯2000日圓（晚上為2100日圓）是午餐時段最受歡迎的餐點，附味噌湯、醃菜及燉菜
2 設有桌位與和式座位 3 醋拌水雲440日圓是人氣菜色

熱海銀座周邊

まさる
まさる

創業於昭和38年（1963）的餐館。招牌菜色是豪華蓋飯，上面擺滿了每天早晨所購得的新鮮竹筴魚、鮪魚、鮭魚卵、海膽、牡丹蝦等海鮮。也有很多當地常客，店內備有許多每天吃也吃不膩的單品菜單。

☎0557-81-8897 MAP 附錄正面②B2
熱海市渚町13-5 JR熱海站步行15分 11:30～14:30LO、17:00～22:00 休不定休 席20 P無

熱海銀座周邊

わしょくどころ　てんしょう
和食処　天匠

在網代的漁師家庭中成長的店主，以漁師在白飯上擺滿各種海鮮豪邁地攪拌食用為概念，創造出招牌菜漁師蓋飯。漁師蓋飯是以當天早晨所捕到的鮮魚為主，碗上擺滿豐盛的食材，可以品嘗各種口感與滋味。

☎0557-82-3383 MAP 附錄正面②A2
🏠熱海市清水町4-16 👣JR熱海站步行20分 🕒11:30～14:30LO、17:00～21:30LO 休週四 席25 P2輛

1 漁師蓋飯1980日圓。這天的蓋飯上裝有鰤魚、魩仔魚、醋漬鯖魚等10種食材　2 魚雜湯500日圓。點魚雜湯取代午餐所附的味噌湯時需付400日圓　3 本店位於初川沿岸

1 紅燒紅金眼鯛3240日圓～　2 竹筴魚孫茶泡飯1404日圓，倒入以竹筴魚骨及柴魚片燉煮而成的高湯即可享用　3 從車站穿過仲見世商店街後就抵達本店　4 店內設有地爐，並飾有許多民藝品

熱海站周邊

いろりちゃや
囲炉茶屋

在本店可以享用伊豆近海的海鮮以及店主精心挑選的日本酒。來這裡一定要點伊豆名產紅燒紅金眼鯛，另外還有地爐烤海鮮，不妨請教店主當天的推薦菜單。此外，午餐也可以享用三種魚乾定食1782日圓等定食或全餐料理。

☎0557-81-6433 MAP 附錄正面①C2
🏠熱海市田原本町2-6 👣JR熱海站即到 🕒11:30～14:15LO、17:00～21:00LO 休週二(逢假日則有變動)
席100 P無

GOURMET GUIDE

稍微喘口氣
在溫泉街的咖啡廳放鬆一下

想在旅行目的地過得休閒又想購物…一不小心行程排得太滿，這時稍微小歇一下很重要。
不妨在下列幾間精選的咖啡廳度過一段閑靜的時光。

COMMENTED BY 大島佳子 WRITER

熱海銀座周邊

みくらす かふぇ

Micuras Cafe

光線從寬敞的窗戶照射進來，隔著海岸道路旁的帶狀綠地面向海灘，這裡是坐擁熱海首屈一指立地條件的「MICURAS酒店」附設咖啡廳。除了提供甜點及飲料之外，亦推薦可享受含咖啡廳午餐與溫泉的不住宿方案3500日圓～，度過一段悠閒的午後時光。

☎0557-86-1111（MICURAS酒店）MAP 附錄正面② B1 ☗熱海市東海岸町3-19ホテル ミクラス1F ‼JR熱海站步行12分 🕒11:00～16:30LO 休無休 席30 P無

1 沾滿水果糖漿做收尾的法式吐司750日圓，咖啡650日圓　2 位於國道135號上　3 挑高兩層、光線明亮且舒適的空間

1

2

3

來宮

きのみや くおん べーかりー かふぇ

KINOMIYA KUWON BAKERY CAFE

位於仲見世通上，是熱海的人氣烘培坊「パン樹 久遠」的姊妹店，可在內用區享用麵包及飲料。本店招牌商品是仿照來宮神社的神木外型製成的來宮大樟樹樹根麵包320日圓。參拜神社的回程上，不妨來此小歇一下，順便購買神社相關麵包當作伴手禮吧。

☎0557-82-0588 MAP 附錄正面①B2 ☗熱海市福道町3-16 ‼JR來宮站即到 🕒9:00～17:00（麵包售完打烊）休週四、日、第1．3週三 席6 P無

1 野草莓與藍莓丹麥麵包183日圓以及焦糖拿鐵400日圓　2 在洋溢麵包香的咖啡廳內，亦販售與來宮神社淵源頗深的食材，即炒麥粉所做的來宮天狗法式脆片180日圓　3 美麗的白牆為本店的標誌

1

2
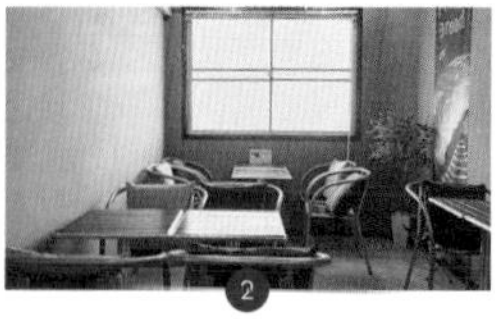

3

熱海銀座周邊

かふぇ ろか

CAFÉ RoCA

這間咖啡廳經常舉辦許多音樂演唱會及活動，是熱海文化的發信站。可以依照個人喜好，一邊品嘗使用當地產食材所做的餐點，一邊坐在面向熱海銀座的露天座位上眺望城鎮，也可以坐在沙發席上讓身體好好休息，當然也可以享受夜晚舉辦的活動等度過各樣時光。

☎0557-81-0808 MAP 附錄正面②A2
熱海市銀座町10-19 JR熱海站步行15分
11:30～18:00（第2週六～24:00）休無休 席36
P無

1 店內亦販售靜岡相關藝術家的作品以及使用當地嚴選食材所做的食品 2 鯖魚三明治1000日圓與熱海啤酒800日圓 3 可在喜歡的座位上小歇一下。亦提供熱海近郊的日本茶 4 位於熱海銀座通上

熱海銀座周邊

ときわぎようかんてん さぼう じん

常盤木羊羹店　茶房　陣

以銘菓・鶴吉羊羹聞名的老店「常盤木羊羹店」應常客的要求開設了此店，店內設有吧台，是間兼具和風與現代摩登風格的咖啡廳，可邊聆聽店內播放的爵士樂享用和菓子。以特產品苦橙製成的羊羹搭配咖啡一起享用是本店的作風，滋味出乎意料地搭配，請務必一試。

☎0557-81-8633 MAP 附錄正面②A1
熱海市銀座町9-13 JR熱海站步行15分
10:30～17:30LO 休週三、四 席20 P無

1 最有人氣的鶴吉羊羹組合950日圓～ 2 外型如同馬卡龍般可愛的AYAHIME最中餅，4種口味任選2種加飲料組合700日圓～ 3 店內到處可見宮大工所製作的工藝品 4 與總店位於同一棟建築物

made in 熱海的 可愛甜點是矚目的焦點！

不妨購買熱海製的甜點當作旅行的伴手禮吧？
從網羅諸多嚴選熱海美食的「ATAMI COLLECTION A-PLUS」中挑選6種商品詳加介紹。

COMMENTED BY 大島佳子 WRITER

Ⓐ

藍花楹的散步道
2片×7包 1080日圓
使用紫芋來呈現點綴熱海初夏的藍花楹，味道樸實溫和

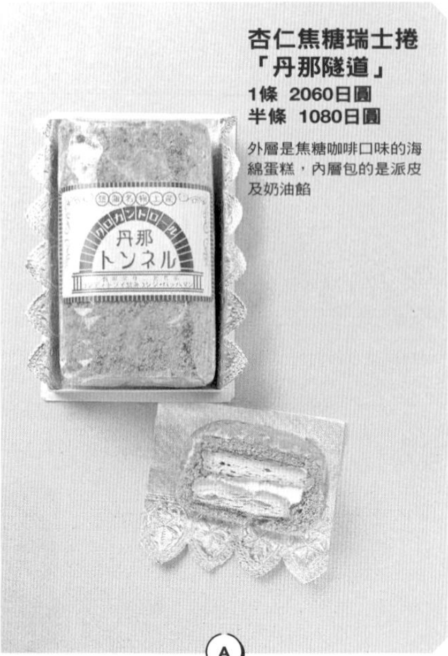

杏仁焦糖瑞士捲「丹那隧道」
1條 2060日圓
半條 1080日圓
外層是焦糖咖啡口味的海綿蛋糕，內層包的是派皮及奶油餡

Ⓐ

什麼是ATAMI COLLECTION A-PLUS？

為了讓前來熱海的訪客以及住在熱海的人進一步了解熱海的魅力，因而展開的企劃。由品酒師田崎真也擔任特別審查員，從熱海市內生產、加工製成的商品中經過嚴選，選出的商品就獲得ATAMI COLLECTION A-PLUS認證。

☎0557-81-9251（熱海商工會議所）

熱海郊外 Ⓐ

こんでぃとらいあたみばっはまん
コンディトライ熱海バッハマン

自昭和52年（1977）起一直持續製作歐式西點，堅持使用最高級的麵粉等材料製作。

☎0557-81-8066 MAP 附錄正面①B3
熱海市和田町13-6 JR來宮站步行15分 9:00～21:00 休週二，不定休 P無

熱海銀座周邊 Ⓑ

みなみせいか
みなみ製菓

鄰近知名景點起雲閣，是間充滿懷舊氣氛的糕餅店。除了最中餅、日式饅頭等和菓子之外，亦售有種類豐富的蛋糕、餅乾等西點。

☎0557-82-2426 MAP 附錄正面①B3
熱海市清水町6-27 JR熱海站步行20分 9:30～19:30 休週三 P無

B

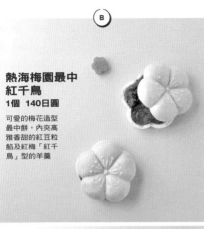

熱海梅園最中 紅千鳥
1個　140日圓

可愛的梅花造型最中餅，內夾高雅香甜的紅豆粒餡及紅梅「紅千鳥」型的羊羹

C

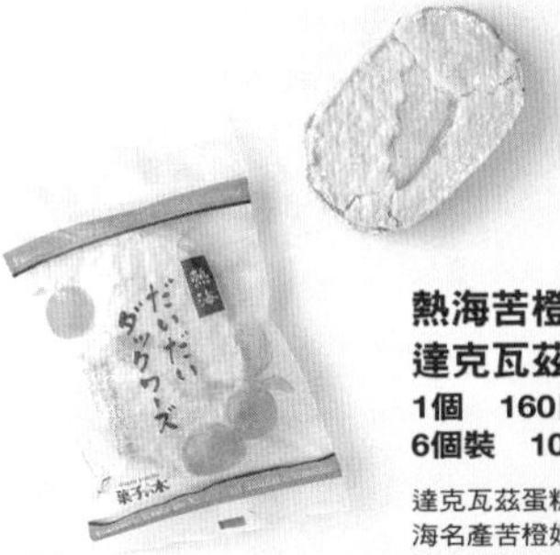

熱海苦橙 達克瓦茲蛋糕
1個　160日圓
6個裝　1080日圓

達克瓦茲蛋糕內夾熱海名產苦橙奶油餡，散發香甜清爽的香味

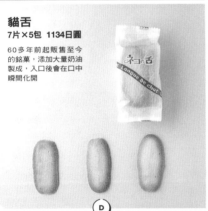

貓舌
7片×5包　1134日圓

60多年前起販售至今的銘菓，添加大量奶油製成，入口後會在口中瞬間化開

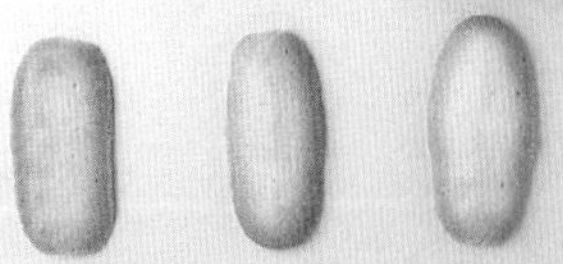

D

熱海 松Terrine 巧克力
4個　1300日圓

一打開市松格紋的包裝盒就會看到抹茶富士山登場，吃起來入口即化，味道濃郁

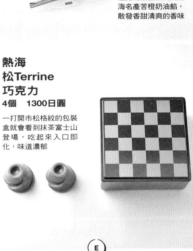

E

來宮　C

かしのき
菓子の木

專賣由熱海出身的甜點師所製作的法式甜點。除了超人氣的達克瓦茲蛋糕之外，亦售有各種烤點心。在南熱海亦設有分店。

☎0557-83-7281 MAP 附錄正面①B2 ☗熱海市福道町7-17 ‼JR來宮站即到 ◷10:00～19:00 休週三 P2輛

熱海銀座周邊　D

みきせいか
三木製菓

創業於昭和23年（1948）的西點店。招牌商品貓舌是遵照創業當初的作法所製，絕不添加其他多餘的東西。

☎0557-81-4461 MAP 附錄正面②B2 ☗熱海市渚町3-4 ‼JR熱海站步行12分 ◷9:00～19:00 休週四、第1週日（逢假日則有變動）P無

熱海郊外　E

ふぁーむたかなわくらぶ
ファーム高輪俱楽部

本館的餐廳與咖啡廳均提供自家農園所栽種的蔬菜，同時也附設共6間客房的飯店。館內的商店亦售有特製商品。

☎0557-86-2082 MAP 附錄正面①A1 ☗熱海市西熱海町1-21-18 ‼JR來宮站車程7分 ◷9:00～17:00 休週三（逢假日則有變動）P18輛

AREA

熱海站周邊

ATAMIEKI SYUHEN

STANDARD SPOT CATALOG

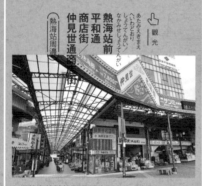

觀光

熱海站前平和通商店街／仲見世通商店街

あたみえきまえへいわどおりしょうてんがい／なかみせしょうてんがい

熱海站周邊

從熱海站前的圓環延伸而出的2條商店街。商店街上販售溫泉饅頭、魚乾、銘菓等名產及伴手禮的商店鱗次櫛比，可以看到剛出爐熱騰騰的溫泉饅頭與曬魚乾等景象，來此純逛街也能振奮旅遊心情。

☎0557-85-2222(熱海市觀光協會) MAP 附錄正面①C2 熱海市田原本町 JR熱海站即到 ¥ 🕒 休 因店而異 P 無

1 由於熱海鄰近大海，因此這裡常可看到販售酒盜、烏魚子、魚乾等海產物的商店，另外也有豐富的飲食店

購物

阿部商店

あべしょうてん

熱海站周邊

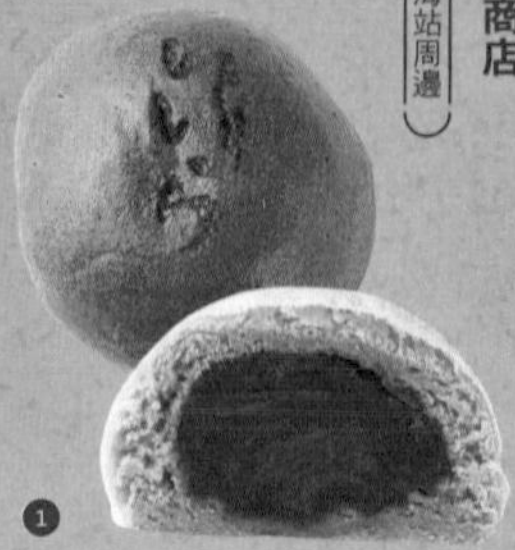

這間和菓子店的大型紅色燈籠與不斷冒出蒸氣的大型蒸籠相當醒目。本店的いいらまんじゅう曾榮獲全國糕點博覽會優勝，比一般日式饅頭稍大的餅皮內添加寒天，即使涼掉後口感依然有彈性。店面隔壁亦設有雜貨賣場。

☎0557-81-3731 MAP 附錄正面①C2 熱海市田原本町5-7 JR熱海站即到 🕒9:00～18:00 休 不定休 P 無

1 いいらまんじゅう1個160日圓，有抹茶紅豆泥餡、紫蘇、栗子餡及黑糖紅豆粒餡4種口味

用餐

和食処こばやし

わしょくどころこばやし

熱海站周邊

想品嘗限量的海鮮蓋飯
請到平和通商店街的人氣餐廳來

大量使用自相模灣及駿河灣現捕的新鮮魚產所做的夢散壽司1980日圓，是1天僅提供40份的人氣餐點，假日時甚至出現為了品嘗這道菜而大排長龍的民眾。提供鯛魚雜炊粥1600日圓、金眼鯛西京燒定食1780日圓等以海鮮為主的豐富菜單。

☎0557-81-1686 MAP 附錄正面①C2 熱海市田原本町3-8 JR熱海站即到 🕒11:00～20:00(視情況會提早打烊) 休 無休(有臨時休業) 席50 P 無

1 店內氣氛相當閑靜 2 夢散壽司是將海膽、鮭魚卵、鮪魚等當季鮮魚所做的新鮮生魚片大量鋪在整碗飯上，附味噌湯（照片為示意圖）

1 採用中世紀英國都鐸式建築的洋館「玉溪」
2 以裝飾藝術為基調的日光室，色彩鮮艷的磁磚相當引人注目
3 昭和4年（1929）所建的羅馬風浴室，採用木製磁磚以防止滑倒
4 作工細膩的電燈等屋內裝飾也值得一看

熱海銀座周邊

觀光

起雲閣
きうんかく

由當時的名士們打造而成 和式與西洋所交織出的獨特空間

起雲閣原是從事船舶業致富的內田信也的別墅，於大正8年（1919）完工，其後第二代持有人增建了裝飾藝術為基調的日光室等西洋風建築。昭和22年（1947）成為旅館，太宰治等諸多文豪曾在此逗留。現在開放一般大眾參觀。

☎0557-86-3101 MAP 附錄正面①B3
熱海市昭和町4-2 JR熱海站步行20分 ¥門票510日圓 9:00～16:30 休週三（逢假日則開館）
P37輛

AREA

熱海銀座周邊

ATAMIGINZA SYUHEN

STANDARD SPOT CATALOG

觀光　熱海陽光海灘（あたみさんびーち）
（熱海銀座周邊）

海浪平穩、擁有美麗白沙灘的人工海灘。海灘沿岸的遊步道可看到成排的椰子樹，充滿濃濃南國風情。日落後～22時沙灘上夜間點燈會亮起藍色的燈光，形成宛如沐浴在月光下的夢幻景象。這裡也是熱門約會景點。

☎0557-86-6218(熱海市都市整備課) MAP附錄正面②B1 熱海市東海岸町 JR熱海站步行10分 ¥休自由散步 P使用市營停車場

1 在沙灘上可眺望熱海城與初島。左方照片是以熱海為舞台的小說《金色夜叉》男女主角貫一與阿宮像

觀光　熱海芸妓見番 湯めまちをどり 華の舞（あたみげいぎけんばん ゆめまちをどり はなのまい）
（熱海銀座周邊）

這裡是負責安排藝妓及進行排練等的見番歌舞練場，位於仍保留花街氣氛的街道一角，每週六、日都能在此觀賞藝妓所帶來的動人舞姿。公演時間約30分鐘，表演結束後可與藝妓們一起拍照留念。

☎0557-81-3575 MAP附錄正面②A2 熱海市中央町17-13 JR熱海站搭東海巴士9分，清水町巴士站即到 ¥門票1500日圓(附點心與熱茶) 11:00(一次，約30分) 休僅於週六日舉辦 P無

1 藝妓的美麗姿態讓人著迷，色彩鮮艷的和服與小道具也值得一看

用餐　BONNET（ぼんねっと）
（熱海銀座周邊）

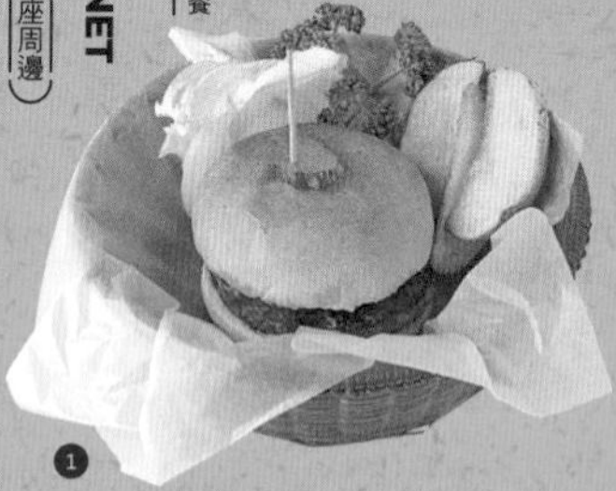

這間老店以摩登風格為目標，於漢堡在日本尚未普及的昭和27年（1952）開業，不少文化人也常出入本店，作家三島由紀夫直到去世的前幾年也常來此光顧。本店的漢堡仍維持自創業以來一貫的好味道。

☎0557-81-4960 MAP附錄正面②A2 熱海市銀座町8-14 JR熱海站步行12分 10:00～16:00(有變動) 休週日 席35 P無

1 淋上特製醬汁的漢堡550日圓，搭配咖啡套餐800日圓也相當有人氣

用餐　SCOTT舊館（すこっときゅうかん）
（熱海銀座周邊）

為知名的洋食館，不但「小說之神」志賀直哉居住熱海期間常來光顧，亦有不少知名人士前來本店。遵照昭和21年（1946）創業時以來的食譜作法，使用費時一週製成的多蜜醬燉煮的紅酒燉牛肉是絕品美食。

☎0557-81-4460 MAP附錄正面②B2 熱海市渚町12-6 JR熱海站步行20分 11:30～14:00、16:30～19:00 休週三 席18 P6輛

1 費時6小時慢火燉煮的紅酒燉牛肉3132日圓，是志賀直哉也相當喜愛的招牌菜

てんぷら 鶴吉

てんぷら つるきち

用餐

熱海銀座周邊

創業於江戶末期的釜鶴魚乾店所經營的天婦羅專賣店，主要使用當地的鮮魚及蔬菜，將新鮮食材用國產山茶花油所調配而成的油炸得酥脆，因此也很適合女性顧客享用。建議沾上自家製柚子醋及藻鹽食用。

☎0557-86-2338 MAP 附錄正面②A2
熱海市中央町11-1 JR熱海站步行20分
11:30～14:00、17:30～21:00 休 週四、第3週三
席16 P2輛

1 5種天婦羅，附開胃菜、當地鮮魚生魚片等豪華的每日替換御前2500日圓

88tees CAFE

ややかふぇ

咖啡廳

熱海銀座周邊

建於熱海陽光海灘前的夏威夷人氣服飾品牌「88 Tees」所直營的咖啡廳。除了供應鬆餅及夏威夷蒜香奶油蝦1404日圓等夏威夷料理外，店內亦售有「88 Tees」直輸的T恤及雜貨。

☎0557-48-6881 MAP 附錄正面②B1
熱海市東海岸町6-51 JR熱海站步行15分
10:00～20:00（有變動 ※鬆餅為18:00LO）休不定休
席45 P2輛

1 提供口感鬆軟的鬆餅1400日圓及夏威夷的人氣冰品雪花冰等餐點

本家ときわぎ

ほんけときわぎ

購物

熱海銀座周邊

創業於大正7年（1918），是熱海最具代表性的老和菓子店，宛如宮殿般的建築相當引人注目，成了觀光景點之一。店內所販售沾滿大量黃豆粉的黍餅等各種和菓子，全都是手工製作且無任何添加物。

☎0557-81-2228 MAP 附錄正面②A1
熱海市銀座町14-1 JR熱海站步行15分
9:30～17:30 休週三、四（逢假日則營業）P無

1 現做的黍餅8個500日圓～，柔軟的口感彷彿在口中融化般

日航亭 大湯

にっこうてい おおゆ

溫泉

熱海銀座周邊

以前曾在大湯間欠泉的上方經營旅館，現在改經營不住宿溫泉。這裡的大浴場、露天浴池、免費包租浴池等溫泉，全都是引自2道湧泉量豐沛的自家源泉。此外亦設有餐館兼大廳、付費包廂，設備相當完善。

☎0557-83-6021 MAP 附錄正面②A1
熱海市上宿町5-26 JR熱海站步行13分 ¥入浴1000日圓 9:00～20:00
休週二（逢假日則翌日休）
P10輛

1 在寬敞的露天浴池享受泡湯樂趣。浴場每天換水，採男女輪替制

AREA

熱海銀座周邊・錦浦周邊

ATAMIGINZA SYUHEN NISHIKIGAURA SYUHEN

STANDARD SPOT CATALOG

溫泉

MARINE SPA ATAMI

まりんすぱあたみ

熱海銀座周邊

在景觀絕佳的不住宿SPA裡被蔚藍的大海與海風圍繞

本館為SPA娛樂設施，擁有12種浴池並設置可穿泳衣玩樂區、游泳池、滑水道以及三溫暖等。從屋頂游泳池與2樓的大浴場可以俯瞰海灘及相模灣的景色。

☎0557-86-2020 MAP 附錄正面①C3 熱海市和田浜南町4-39 JR熱海站搭湯～遊～巴士8分，マリンスパあたみ巴士站即到 ¥門票1340日圓(15:00後為1100日圓 ※有繁忙費) ⏲10:00～19:00(夏季9:00～20:00 ※需洽詢) 休週四(逢假日則週三休。暑假期間無休)有臨時休館 P85輛

1 從屋頂游泳池可眺望街道與蔚藍的大海（冬季不開放）
2 館內亦設有打湯，寢湯等12種溫泉按摩浴缸

活動

熱海海上煙火大會

あたみかいじょうはなびたいかい

熱海銀座周邊

這個熱海的例行煙火大會，源自昭和27年（1952）為了復興受災城鎮所舉辦的活動。不限夏季，全年共計舉行13次煙火大會。從眼前的海面升起色彩繽紛的煙火，周邊也充滿了幻想氣氛。

☎0557-85-2222(熱海市觀光協會) MAP 附錄正面①C3 熱海市東海岸町 熱海サンビーチ JR熱海站步行15分 ⏲20:20～20:50(夏季以外為～20:45) ¥自由參觀 P無

1 燃放Digital Star Mine以及空中尼加拉瓜瀑布等煙火

觀光

熱海城

あたみじょう

錦浦周邊

坐落於錦浦山頂上、外觀如同一座城池般的娛樂設施。從海拔160m的天守閣可360度俯瞰熱海市區、初島以及大島的景色，館內亦有展示浮世繪及城池模型等物品。

☎0557-81-6206 MAP 附錄正面①C4 熱海市曽我山1993 搭湯～遊～巴士14分，熱海城巴士站即到 ¥門票900日圓(煙火大會舉辦日當晚照常營業，1人1000日圓含停車費) ⏲9:00～17:00(7・8月煙火大會舉辦日18:00～21:00照常營業) 休無休 P100輛

1 熱海城為9層樓建築，內部亦設有見晴らし茶屋與日本城郭資料館

AKAO HERB & ROSE GARDEN

あかおはーぶあんどろーずがーでん

觀光

錦浦周邊

1 婚禮花園內種有美麗的紅玫瑰與黃玫瑰 2 求婚花園內種有蔓性玫瑰 3 可在咖啡廳購買玫瑰蘇打300日圓

漫步在大海與自然相互協調 美麗的熱海花園中

佔地約20萬坪的建地上設有12座庭園，初夏時可以欣賞約600種共計4000株玫瑰競相爭艷，或是欣賞大麗菊或油菜花等全年看得到的植物。園內亦設有DIY體驗工坊、咖啡廳、餐廳以及商店等。

☎0557-82-1221 MAP 附錄正面①B4
🏠熱海市上多賀1027-8 JR熱海站搭東海巴士15分，アカオハーブ&ローズガーデン巴士站即到 ¥入園700日圓～(有季節性變動) 🕒9:00～16:00 休無休 P150輛

熱海梅園

あたみばいえん

觀光

熱海郊外

園內除了種有樹齡超過100年的古木之外，59種品種、共計472株的梅花也會逐一綻放，每年1～3月還會舉辦梅花祭。活動期間除了開放足湯與伴手禮店之外，同時也會舉行免費提供甜酒釀服務的活動。

☎0557-86-6218(熱海市都市整備課) MAP 附錄正面①A2 🏠熱海市梅園町8-11 JR來宮站步行10分 ¥🕒休自由入園(梅花祭期間入園300日圓) P100輛(梅花祭期間600日圓)

1 園內種有各式品種的梅花，群花競相爭艷，相當華麗。不妨來此提前感受春天的氣息吧

伊豆山神社

いずさんじんじゃ

觀光

熱海郊外

源賴朝曾在此祈求源家再興。伊豆山大神乃是溫泉的守護神，本神社也是能量景點，有不少參拜者將伊豆山大神視為帶來強大的運氣與統一天下的守護神來此參拜。可驅除災禍的「強運御守（800日圓）」是人氣商品。此外，這裡也是伊豆地名的發祥地。

☎0557-80-3164 MAP 附錄背面⑩F5
🏠熱海市伊豆山708-1 JR熱海站搭湯～遊～巴士8分，伊豆山神社前巴士站即到 ¥🕒休境內自由參觀 P30輛

1 本殿自昭和6年（1931）起歷時11年改建。從停車場到神社境內需走完169層石階

GOOD TO SLEEP
熱海地區嚴選住宿指南

熱海站周邊 —— 旅館

おおえどおんせんものがたり あたみ
大江戶溫泉物語 あたみ

離車站近、立地條件佳的旅館，可享受熱海溫泉的名湯。晚餐提供使用當季鮮魚所做的70種創作自助式料理，可品嘗現煮佳餚的Live Kitchen最受歡迎。亦提供最頂樓的展望客房、海景和室、和室、雙床房等各種客房，任君挑選。

☎0570-071126（付費預約專線） MAP 附錄正面②B1 ⌂熱海市咲見町8-3 JR熱海站步行8分 IN15:00/OUT11:00 ¥1泊2食10626日圓～ P50輛

熱海銀座周邊 —— 旅館

熱海温泉　大月ホテル和風館
熱海溫泉 大月酒店和風館

採數寄屋造式建築，在旅館建地內擁有自家源泉溫泉的純和風旅館。在樹齡300年的高野槙露天浴池，可以享受美肌名湯的泡湯樂趣。晚餐提供堅持使用伊豆食材所做的宴席料理。可以選擇和室、和式洋房或是附設露天浴池的客房，享受在熱海度過的時光。

☎0557-81-6111 MAP 附錄正面②B1 ⌂熱海市東海岸町3-19 JR熱海站步行12分（有接送服務，採預約制） IN15:00/OUT10:00 ¥1泊2食平日18500日圓～，假日24000日圓～ P25輛

熱海銀座周邊 —— 飯店

熱海シーサイドスパ&リゾート
熱海灣SPA&RESORT

坐落於熱海陽光海灘前方，不僅交通便利方便前往各觀光景點，且所有客房均為海景客房。1泊附早餐（B&B）平日8150日圓～即可入住，價格相當實惠。除了設有使用自家源泉放流式溫泉的大浴場之外，亦可一邊欣賞相模灣的美景，一邊享用自助式早餐。

☎0557-82-8111 MAP 附錄正面②B1 ⌂熱海市東海岸町6-53 JR熱海站步行10分 IN15:00/OUT11:00 ¥1泊2食平日11650日圓～，假日前夕11450日圓～ P31輛

熱海銀座周邊 —— 飯店

熱海後楽園ホテル
ATAMI KORAKUEN HOTEL

位於熱海南端的大型度假飯店。不但能從開放式窗戶欣賞相模灣的壯觀景色，亦設有大量注入自家源泉溫泉的大展望浴池。館內亦設有商店、咖啡廳、美容沙龍等各項設施，前往熱海城等觀光景點的交通也相當便利。

1 夜晚在Tower館的展望浴池「海望之湯」可看到相當壯觀的相模灣夜景　2 Tower館和室可從寬廣的窗戶眺望大海

☎0557-81-0041 MAP 附錄正面①C3 ⌂熱海市和田浜南町10-1 JR熱海站車程10分（有接送服務） IN14:00/OUT11:00 ¥1泊2食平日20670日圓～，假日前夕29526日圓～ P80輛

錦浦周邊 —— 飯店

ホテルニューアカオロイヤルウィング
HOTEL New AKAO ROYAL WING

以全館均為海景客房自豪，可欣賞到伊豆首屈一指的觀光勝地錦浦海岸的大海。並提供白天能在大海一望無際的會客廳免費享用飲料，以及女性限定的玫瑰露天浴池等貼心服務，深受顧客好評。可獨享絕美景觀的展望包租浴池也值得注目。

1 可俯瞰相模灣景色的露天浴池，採早晚男女輪替制　2 可欣賞大全景景觀的皇家會客廳

☎0557-83-6161 MAP 附錄正面①C4 ⌂熱海市熱海1993-65 JR熱海站車程10分（有接送服務） IN13:00/OUT11:00 ¥1泊2食平日18900日圓～，假日前夕23328日圓～ P30輛

1泊2食、1泊附早餐、純住宿的價格均為2人1房時每人所需費用。單人房、雙床房的價格均為一個房間所需費用。

mytrip +more!

更多想去的地方・想做的事情

務必加入行程安排的區域、景點介紹，在此一併附上。
一起盡情玩伊豆吧。

旅行一點靈

沼津·三島

從東京・名古屋方面往三島可搭JR東海道新幹線，從東京搭JR特急踊り子約1小時40分。從三島到沼津可搭JR東海道線，車程5分。

西伊豆

往西伊豆各地可搭乘東海巴士，在三島站及修善寺站亦有往土肥溫泉、堂島、松崎等方向的路線巴士，但班次不多，可考慮租車。

天城·修善寺

從東京往修善寺可搭乘JR特急踊り子，直達約2小時10分。從名古屋則先搭到三島，再轉搭伊豆箱根鐵道，路程約2小時。

詳細交通資訊請見 →P134～

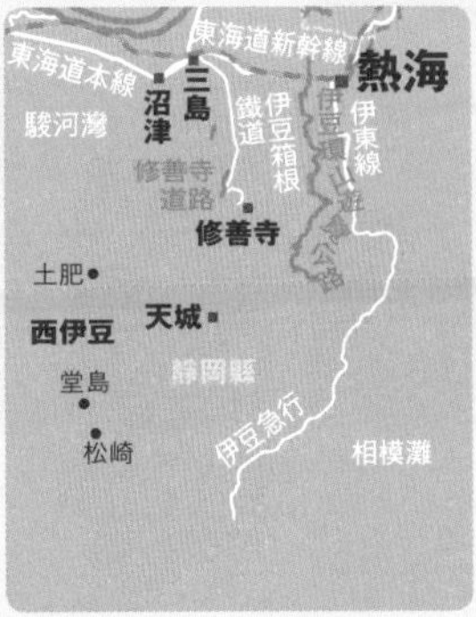

GOURMET GUIDE

漁港直送、價格公道的 沼津港新鮮海鮮美食

從JR沼津站搭巴士10分即可到沼津港周邊，品嘗新鮮、便宜又美味的海鮮美食！
這裡能嘗到沼津名產櫻花蝦、生魩仔魚、竹筴魚及深海魚等大漁港特有的新鮮海產。

COMMENTED BY 茨木幸子 WRITER

うおがしていしょくてん かもめまる

魚河岸定食店 かもめ丸

配合顧客喜好調理新鮮海產！
招牌沼津蓋飯是必吃美食

店頭陳列了每天早晨進貨的當地鮮魚及日本各地海產，點菜時只要先挑食材再選「生魚片」或「油炸」等料理方式，就能依照顧客喜好料理喜愛的海鮮。此外店內亦提供定食、蓋飯、壽司、天婦羅及炸什錦等多樣菜色。

SHOP DATA

☎055-952-3639 MAP 附錄背面⑩C5 ⌂沼津市千本港町101 沼津港巴士站即到 ⏰11:00～14:30LO、17:00～19:30LO（週六日、假日10:30～）休週三（逢假日則翌日休）席100 P450輛

1 竹筴魚乾日式菜飯上擺滿生魩仔魚、生櫻花蝦、碎切竹筴魚的沼津蓋飯1404日圓，是平日午餐時段限量30份的限定菜單　2 海鮮蓋飯1620日圓　3 設有地爐座位與和式座位　4 份量十足的生魚片定食2052日圓

ぬまづうおいちばしょくどう
沼津魚市場食堂

依當日早晨進貨狀況決定每天菜色。除了海鮮外，亦堅持使用沼津井田產天然鹽、沼津的無添加醬油等調味料，更能彰顯出海鮮的美味。定食起價約1600日圓。

☎055-954-3704 MAP 附錄背面⑩C5
☗沼津市千本港町128-3 ❢沼津港巴士站步行5分
🕒10:00～15:00 休週二（遇假日、繁忙期有變動）
席68 Ⓟ100輛

1 視早晨漁獲拍賣狀況決定每日更換菜單，可品嘗現捕的鮮魚　2 位於沼津魚市場2樓

1 各桌均置有烤爐
2 駿河灣深海拼盤1458日圓，可吃到整條稀有的烤深海魚

みなとはちじゅうさんばんちはまやきしんちゃん
港八十三番地浜焼きしんちゃん

提供海鮮BBQ，可享用以烤爐烘烤漁港直送的海鮮類以及半紋水珍魚、大眼青眼魚等深海魚。由創業100多年的老水產店所直營，不僅鮮度超群，價格也相當公道。可享受濱燒料理般的氣氛。

☎055-954-0605 MAP 附錄背面⑩C5
☗沼津市千本港町83 ❢沼津港巴士站即到 🕒11:00～21:00LO（週六日、假日、大型連假則不提供午餐） 休無休 席99 Ⓟ51輛

うおがし まるてん みなとてん
魚河岸 丸天 みなと店

將進貨時嚴選的新鮮海產做成各種可充分享用海鮮美味的菜色，是本店自豪的一大特色。最受歡迎的餐點為炸海鮮什錦蓋飯，炸海鮮什錦高達15cm，魄力十足，干貝與蝦子炸得香味四溢，令人食指大動。

☎055-954-1028 MAP 附錄背面⑩C5
☗沼津市千本港町124 ❢沼津港巴士站步行5分
🕒10:00～21:45 休週四（逢假日則前日休） 席82
Ⓟ無

1 備受歡迎的炸海鮮什錦蓋飯1100日圓，附魚雜湯
2 店內亦設有寬敞的和式座位

邊探訪水都歷史 邊在三島散步尋寶

先去參拜伊豆的大神，再去品嘗美味的三島名產鰻魚。
隨心所欲地到處閒逛，還能在偶然間找到一件別緻的咖啡杯。

COMMENTED BY 秋山真由美 WRITER

三嶋大社境內擁有諸多史蹟、名石及名木，
還能遇到走在客殿的美麗巫女

是這樣的地方

みしま
三島

擁有豐富純淨的湧泉 也是歷史悠久、充滿美食的城市

三島是三嶋大社的門前町，自古以來作為連繫東海道、下田街道、甲州街道的交通據點，相當繁榮。由於城鎮上到處湧出來自富士山的雪溶水，因此素有「水都」之名。流過市中心的源兵衛川周邊景觀相當優美，適合悠閒散步。

☎055-971-5000(三島市觀光協會) MAP 附錄正面⑨A1
‼JR東京站搭JR東海道新幹線55分，JR三島站下車。JR三島站轉搭伊豆箱根駿豆線到廣小路站2分，到三島田町站4分

Start

JR三島站

1

2

7

みしまたいしゃ
三嶋大社

以源賴朝曾在此祈求源氏再興而聞名的古老神社，佔地約5萬㎡的廣大建地內種有樹齡超過1200年的丹柱，亦設有神鹿園。此外也有春天的櫻花以及夏季三島祭等諸多季節性景點。

1 丹桂香御守700日圓　2 美術價值極高的木造社殿

☎055-975-0172
MAP 附錄正面⑨B1
⌂三島市大宮町2-1-5 ‼JR三島站步行7分 ◔境內自由參觀(寶物館 ◔9:00～16:30 ¥500日圓) 休無休 P約55輛(1小時200日圓)

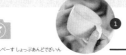

1

2

たかだや

②髙田屋

招牌是蒲燒鰻魚。使用富士山的伏流水洗淨鰻魚後以慢火蒸烤到肉質鬆軟，與甜的醬汁相當對味。此外，使用當地鮮魚及箱根西麓的蔬菜所做的料理也相當美味。

1 鰻魚盒飯2500日圓，附鰻肝湯與醬菜　2 自昭和24年（1949）起傳承3代的在地老店

☎055-975-0495 MAP 附錄正面⑨B1
☗三島市本町1-41 ‼伊豆箱根鐵道廣小路站步行8分 🕒11:00～14:00、17:00～20:30 休週三 席96 P無

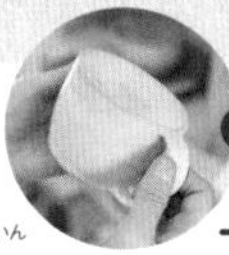

1

くるぶしベーす しょっぷあんどでざいん

③Kurubushi-base Shop&design

店主原田康補先生所挑選的商品，主要是東伊豆的作家所製作「充滿溫暖」的陶器與雜貨。不妨拿起有興趣的商品仔細端看，說不定它就是你尋覓已久的物品。

1 居住熱海的陶藝家遠野秀子小姐所做的咖啡杯
2 店主表示只販售「人品、作品都合我意的作家之作品」

☎055-972-1702 MAP 附錄正面⑨B1
☗三島市大社町18-52 ‼伊豆箱根鐵道三島田町站步行7分
🕒10:00～20:00(4～9月)、10:00～18:00(10～3月)
休不定休 P無

2

あろまや

④あろま屋

純度100%芳香精油及自世界各地嚴選的精油商品專賣店，只要500日圓就能製作原創的房間空氣芳香劑，讓香味療癒旅途中疲憊的身心。

1

1 形形色色的芳香精油商品最適合當作伴手禮　2 4種香味的幸福芳香精油沐浴精華1個124日圓

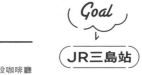

2

☎055-976-2525
MAP 附錄正面⑨B1
☗三島市大社町18-52 ‼伊豆箱根鐵道三島田町站步行7分
🕒10:00～20:00(4～9月)、10:00～18:00(10～3月) 休不定休
P無

Goal

JR三島站

1

ふろいどかふぇ みしまてん

⑤Floyd Cafe三島店

三島當地品牌「Floyd」的直營店。在附設咖啡廳內，可讓人沉浸在料理與室內裝潢融為一體且獨特的世界觀中。

1 咖啡廳的隔壁就是Floyd商店，陳列各種充滿玩心的配件
2 烤蘋果附香草冰淇淋700日圓

☎055-991-1881 MAP 附錄正面⑨B1
☗三島市一番町2-31 フォンテーヌu.1F ‼JR三島站步行即到
🕒平日11:00～21:00，週六日、假日11:00～22:00 休不定休 席40 P無

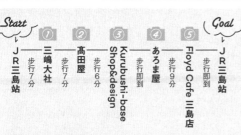

2

Start

JR三島站 —步行7分— ①三嶋大社 —步行7分— ②髙田屋 —步行6分— ③Kurubushi-base Shop&design —步行即到— ④あろま屋 —步行9分— ⑤Floyd Cafe三島店 —步行即到— JR三島站

Goal

位於山上的藝術景點
在鐵線蓮之丘度過一天

被庭園內當季盛開的花朵療癒身心，或是與隨欣賞角度不同變換表情的作品一同嬉戲，藝術書籍與美術館周邊商品也會激起你的好奇心，讓人度過一段心靈充實的奢侈時光。

COMMENTED BY 秋山真由美 WRITER

三島

クレマチスの丘

鐵線蓮之丘

參觀時間約 4小時

融合美麗的自然與藝術 優雅庭園美術館

廣大的建地上建有「梵奇雕刻庭園美術館」、「貝納・畢費美術館」、「IZU PHOTO MUSEUM」以及「井上靖文學館」4棟與自然調和的美術館。鐵線蓮花園內種有約250種、計2000株鐵線蓮及四季花卉，隨著季節更迭綻放。此外亦設有餐廳、咖啡廳及美術館商店，可在此度過優雅的一天。

☎055-989-8787
MAP 附錄背面⑩D4
長泉町東野クレマチスの丘347-1
JR三島站搭免費區間巴士25分
¥因設施而異
10:00～18:00（2・3・9・10月為～17:00、11～1月為～16:30）
休 週三（逢假日則翌日休）
P 200輛

梵奇 雕刻庭園美術館

¥梵奇雕刻庭園美術館・鐵線蓮花園通用票1200日圓（11～3月為1000日圓）

室內室外均有展示義大利雕刻家朱利亞諾・梵奇（Giuliano Vangi）的諸多作品。照片是使用威尼斯玻璃所描繪的馬賽克畫《浮雕 風景中的人物》

境內分成鐵線蓮花園區與畢費區2區

WHAT'S "MODERN ART"

①③

鐵線蓮花園

¥梵奇雕刻庭園美術館・鐵線蓮花園通用票1200日圓（11～3月為1000日圓）

以白、紫、粉色鐵線蓮為主，亦種有玫瑰、鬱金香等四季花卉綻放的庭園。幾乎整年都能夠欣賞鐵線蓮，5月下旬到初夏正是盛開時節

②

IZU PHOTO MUSEUM

¥門票800日圓

以企劃展為主，介紹19世紀以後促使攝影及影像技術發達、改變的環境與歷史。由現代美術作家・杉本博司一手包辦裝潢、庭園等設計，於2009年開館

④

貝納・畢費美術館

¥門票1000日圓

收藏了法國畫家貝納・畢費的油畫、版畫、插畫本、海報等約2000件作品，畢費作品收藏量堪稱世界第一

①

②

③

④

©Hiroshi Sugimoto／IZU PHOTO MUSEUM

SOUVENIR

購買藝術雜貨當作伴手禮

從特製周邊商品到作家的單件作品應有盡有，
不妨憑藉自身的感性，尋覓你最愛的雜貨。

資料夾

350日圓

美術作家・佐佐木愛以鐵線蓮之丘為題所描繪的可愛畫作，變成原創資料夾登場

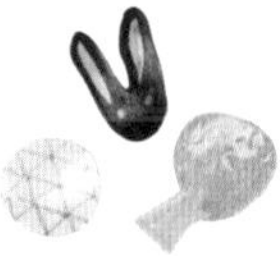

Blaues Blatt胸針

6480日圓～

「Blaues Blatt」是現代美術作家・持塚三樹所創的品牌，這些都是本人親手製作、全世界僅此一件的胸針

好想一直看下去…
夕陽下染成金黃色的西伊豆海岬

海岸沿路上有不少觀日落景點，泛紅的太陽染紅了天空與大海，海面浮現綽綽島影…
不妨停下腳步，悠閒地鑑賞眼前能洗滌心靈的斜陽美景。

COMMENTED BY 茨木幸子 WRITER

でああいみさき

出逢い岬

這裡是大自然的全景景點，右手邊可看到靈峰富士山，左手邊是天然良港戶田港與御濱岬，正面則為雄壯的駿河灣。略高的展望台周圍沒有任何遮蔽物，開放性絕佳且舒適。周圍全被夕陽染紅的餘輝景色，只有精彩兩字可言。

☎0558-94-3115(戶田觀光協會) MAP 附錄背面⑩B7
☗沼津市戶田 ‼伊豆箱根鐵道修善寺站搭東海巴士往戶田方向50分，戶田巴士站轉車7分；或從JR沼津站車程1小時 ¥◷休自由參觀 Ⓟ10輛

蔚藍的天空與眼前廣闊的大海緩緩地包覆夕陽。出逢い岬就位在縣道17號上，只要停下車就能馬上欣賞到美麗的景色

美麗的夕陽
讓人目不轉睛

おおたごかいがん

大田子海岸

這裡是榮獲「日本夕陽百選」認證的知名觀日落景點，眼前的奇石群與日落景色形成的強烈對比是本景點的最大魅力。春分、秋分之際，夕陽會沉沒在正對面海岸的田子島男島與女島之間，與眼前的奇石群相重疊，此一極致美景深受不少旅人及攝影家的喜愛。

☎0558-52-1268(西伊豆町觀光協會)
MAP 附錄背面⑩B9 ☗西伊豆町大田子 ‼伊豆箱根鐵道修善寺站搭東海巴士往松崎方向1小時25分，大田子巴士站步行5分，或從JR沼津站車程1小時30分
¥◷休自由參觀 Ⓟ15輛

岩石、小島、海及漁船與日落景色相接，呈現出分外美麗的視野。由於沙灘上來往行人較少，建議到沙灘上靜靜享受黃昏時刻

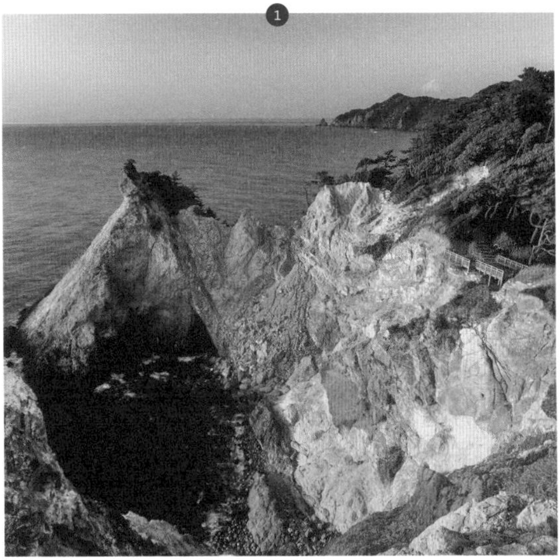

こがねざき
黃金崎

斷崖絕壁綿延不絕的觀光勝地。其岩石表面被指定為靜岡縣天然紀念物，在夕陽的照射下，岩石表面如同其名般被染成金黃色，發出閃耀光輝的落日與岸壁，形成令人感動的極致美景。整個海岬就是一座公園，四季都可欣賞到當季的花卉。

☎0558-52-1268（西伊豆町觀光協會）MAP 附錄背面⑩B9 ☗西伊豆町宇久須 ‼伊豆箱根鐵道修善寺站搭東海巴士往松崎方向1小時15分，黃金崎クリスタルパーク巴士站步行15分，或從JR沼津站車程1小時20分 ¥🕒休自由參觀 Ⓟ20輛

1 岩石表面受到風化後會變成黃褐色。隨著夕陽西下，斷崖由黃褐色逐漸轉變為金黃色的那瞬間也相當美麗 2 斷崖絕壁的盡頭可看到被夕陽染紅的大海

こいびとみさき
戀人岬

這座海岬是知名的情侶約會聖地。走過長約700m的遊步道到位於海岬前端的展望台上，可看到一座「愛之鐘」，據說只要敲響3次戀愛就能實現。可與心愛的人一邊談心，一邊欣賞逐漸沉入水平線的夕陽。

☎0558-99-0270（恋人岬 ステラハウス）MAP 附錄背面⑩B8 ☗伊豆市小下田242-1 ‼伊豆箱根鐵道修善寺站搭東海巴士往松崎方向1小時5分，恋人岬巴士站步行15分，或從JR沼津站車程1小時15分 ¥🕒休自由參觀（商店等🕒9:00～17:00）Ⓟ100輛

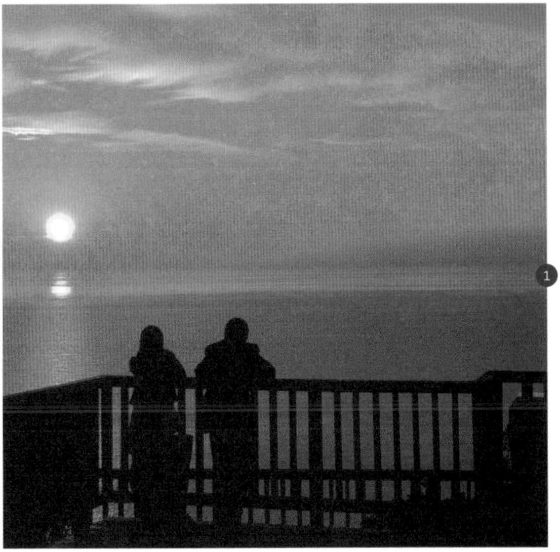

1 從海岬眺望的夕陽景色相當羅曼蒂克。通往展望台的遊步道很長，階梯又多，黃昏前後請小心腳步 2 這裡可看到不少對敲響愛之鐘的情侶。請務必來此欣賞眼前的極致美景，度過一段特別的時光

在坐擁自然美景的
天城七瀑自駕兜風

下田街道是川端康成《伊豆的舞孃》及松本清張《天城山奇案》等作品的背景舞台。
不妨來趟爽快的自駕兜風之旅，一邊感受大自然，一邊探訪名作相關景點。

COMMENTED BY 茨木幸子 WRITER

初景瀑布的景觀優美，引人注目。旁邊置有小說《伊豆的舞孃》書中一景的雕像

是這樣的地方

あまぎ
天城

曾為名作的舞台
至今仍保留豐富的自然環境

下田街道又稱為天城街道，從修善寺穿越天城嶺，延伸到河津、下田，以名作的背景舞台而聞名。沿著被翠綠溪谷圍繞的街道往下走，可看到清澈溪水流瀉的知名瀑布及能品嘗當地名產的飲食店等。建議租車時可以河津站為起點，到修善寺站還車，沿著伊豆箱根鐵道往三島站方向的路線為佳。

☎0558-32-0290（河津町觀光協會）
☎0558-85-1056（伊豆市觀光協會天城支部）
MAP 附錄正面⑩B1 JR熱海站スーパービュー踊り子1小時5分，河津站下車

Start

伊豆急行河津站

かわづななだる
河津七瀑

為有深山溪流流過、各異其趣的大小7個瀑布的總稱。其中有6個瀑布可沿著全長約3km的遊步道逐一欣賞，一邊沐浴在清澈的水花中行走，一邊享受清爽的健行。

1 岩石表面粗糙的釜瀑　2 水流宛如蝦子般的蝦瀑。從吊橋上可俯瞰瀑布潭

☎0558-32-0290（河津町觀光協會） MAP 附錄正面⑥B1
河津町梨本 伊豆箱根鐵道修善寺站車程42分 ¥ 自由散步 P60輛（町營停車場）

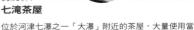

② わさび園かどや

わさびえんかどや

這裡能享用在山葵農家直營店才能嘗到的新鮮山葵美食。本店的山葵蓋飯曾在連續劇中出現，享用時加上使用天城山麓的清水灌溉所培育的生山葵泥一起食用。

1 山葵蓋飯550日圓，在柴魚片蓋飯上擺上山葵泥，一般直衝鼻頭的山葵風味讓人胃口大開
2 亦販售生山葵與自家製山葵製品

☎0558-35-7290 MAP 附錄正面⑥B1
☗河津町梨本371-1 ‼伊豆箱根鐵道修善寺站車程40分 ⏰9:30～14:00LO 休不定休 席40 P26輛

③ 七滝茶屋

ななだるぢゃや

位於河津七瀑之一「大瀑」附近的茶屋，大量使用當地產大顆草莓所做成的草莓甜點是絕品美食！另外亦有山豬鍋定食1836日圓等餐點。

1 店內亦設有和式座位，可好好放鬆　2 酸酸甜甜的草莓冰沙等草莓三昧1296日圓是最受歡迎的草莓套餐，內含3種草莓甜點

☎0558-36-8070 MAP 附錄正面⑥B1
☗河津町梨本363-4 ‼伊豆箱根鐵道修善寺站車程39分
⏰10:00～16:30LO 休不定休 席34 P20輛

④ 舊天城隧道

きゅうあまぎとんねる

於明治38年（1905）興建完成，被指定為國家重要文化財。全長445.5m，為日本全國屈指可數的大規模石造隧道。在此可體驗小說《伊豆的舞孃》中所描述的凜冽寂靜之感。

1 隧道內空氣相當涼爽。由於隧道寬度僅4.2m，開車通行相當窄，需特別注意

☎0558-85-1056(伊豆市觀光協會天城支部) MAP 附錄背面⑩D9 ☗伊豆市湯ヶ島 ‼伊豆箱根鐵道修善寺站車程30分
¥⏰休自由散步 P15輛

⑤ 淨蓮瀑布

じょうれんのたき

名列「日本瀑布百選」之一的知名瀑布。高低落差達25m，寬7m，堪稱伊豆半島規模最大的瀑布。在寂靜的山林中，一瀉千里的瀑布發出轟隆聲響，景觀相當壯麗。

1 瀑布潭周邊有浪花濺起，夏天也相當涼爽

☎0558-85-1056(伊豆市觀光協會天城支部)
MAP 附錄背面⑩D8
☗伊豆市湯ヶ島 ‼伊豆箱根鐵道修善寺站車程25分 ¥⏰休自由參觀 P100輛

Goal
伊豆箱根鐵道修善寺站

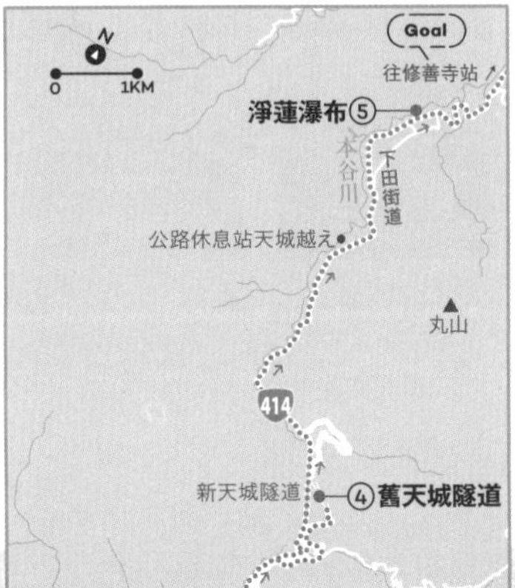

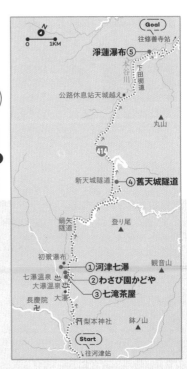

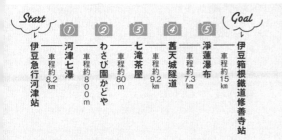

Start 伊豆急行河津站 — 車程約8.2km — ① 河津七瀑 — 車程約800m — ② わさび園かどや — 車程約80m — ③ 七滝茶屋 — 車程約9.2km — ④ 舊天城隧道 — 車程約7.3km — ⑤ 淨蓮瀑布 — 車程約15km — Goal 伊豆箱根鐵道修善寺站

探訪歷史悠久的溫泉街及竹林小徑 到修善寺散步感受"和"式風情

溫泉街自弘法大師開湯以來已有1200餘年的悠久歷史，時間在此緩慢流逝。
走一趟深受文人墨客喜愛的"伊豆的小京都"，你將發現到處充滿和式風情。

COMMENTED BY 茨木幸子 WRITER

這裡以前的地名叫作桂谷，因此修禪寺又被稱為桂谷山寺。本堂於明治時代重建

しゅぜんじ
修善寺

是這樣的地方

清流沿岸的風景優美 充滿和式風情的溫泉街

修善寺溫泉據說是在平安時代初期由弘法大師所發現。沿著桂川而下可看到一片竹林、朱色橋樑及茶屋，風情別具，被譽為伊豆的小京都。溫泉街的規模較小，約2小時就能步行觀光。由於道路狹窄，停車場也不多，因此主要以巴士為交通手段。

☎0558-72-2501（伊豆市觀光協會修善寺支部）
MAP 附錄正面⑧B1 ‼JR東京站特急踊り子2小時10分，修善寺站下車，轉搭伊豆箱根．東海巴士8分，修善寺溫泉巴士站即到

Start

修善寺溫泉巴士站

1

2

しゅぜんじ
修禪寺

本寺於平安時代初期的大同2年（807），由弘法大師所開基。到了鎌倉時代，以源氏、北条氏一族盛衰興敗的背景舞台而聞名，在寶物館內展示各項源氏相關物品。

1 境內亦有傳承歷史的石碑
2 鐘樓堂旁可看到竹林

☎0558-72-2501（伊豆市觀光協會修善寺支部）
MAP 附錄正面⑧B1 ⌂伊豆市修善寺964 ‼修善寺溫泉巴士站步行5分 ¥境內自由參觀（寶物館¥門票300日圓）◷8:30～16:30（10～3月為～16:00）休無休 P無

②

ぜんぷうていななばん

禅風亭なゝ番

二八蕎麥麵是在製作時添加山藥與蛋白增添黏性，特徵為咬勁十足且口感滑溜，與天城名產山葵是絕配，隨餐附上一整根山葵，相當豪華。本店中午時段總是大排長龍，相當有人氣。

1 以結束斷食後的修行僧飲食為靈感所創的禪寺蕎麥麵1260日圓　2 店內陳設為民藝風，氣氛相當閑靜

☎0558-72-0007 MAP 附錄正面⑧B1
☗伊豆市修善寺761-1-3 ‼修善寺温泉巴士站步行即到 🕒10:00～16:00 休週四 席22 P14輛

③

ちくりんのこみち

竹林小徑

別具風情象徵"小京都"的散步道。這條以石板鋪成的遊步道在竹林的圍繞下向前延伸，途中亦設有竹製長椅。可以一邊傾聽竹林的沙沙聲，一邊悠閒地往返散步。

1 可盡情享受修善寺的氣氛　2 竹林小徑沿著流過街道中心的桂川延伸約400m，途中有2座朱紅色橋樑

☎0558-72-2501(伊豆市觀光協會修善寺支部)
MAP 附錄正面⑧A2 ☗伊豆市修善寺 ‼修善寺温泉巴士站步行7分 ¥🕒休自由散步 P無

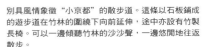

④

いっせきあん

一石庵

位於桂川旁，可眺望對岸修禪寺的石階。店內提供不少當季甜點以及使用當地產黑米所做成的黑堺餅400日圓等餐點，最適合散步途中稍微小歇一下享用。

1 鮮奶油白玉紅豆600日圓。抹茶附當季甜點650日圓　2 店面前方亦附設手湯及足湯

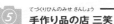

☎0558-72-2063
MAP 附錄正面⑧B2 ☗伊豆市修善寺950-1 ‼修善寺温泉巴士站即到 🕒10:00～16:30 休週二不定休 席26 P無

⑤

てづくりひんのみせ さんしょう

手作り品の店 三笑

這間手工藝品店是以在伊豆活動的工藝家手創作品為主題，店內陳列有陶瓷器及伊豆玻璃作品、和紙小飾品等，每一件都讓人好想帶回家當作日常用品。

1 手環各2160日圓，戒指架1620日圓
2 伊豆玻璃製燭臺3564日圓

☎0558-72-0626 MAP 附錄正面⑧B2
☗伊豆市修善寺937-2 ‼修善寺温泉巴士站即到
🕒10:00～17:00(週六日、假日為～18時) 休不定休 P2輛

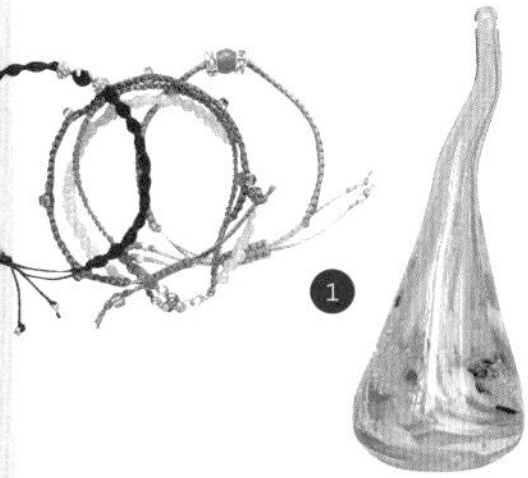

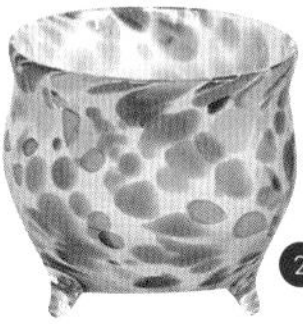

Goal

修善寺温泉巴士站

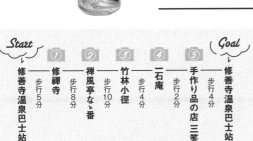

Start 修善寺温泉巴士站 — 步行5分 — ①修禪寺 — 步行8分 — ②禅風亭なゝ番 — 步行10分 — ③竹林小徑 — 步行4分 — ④一石庵 — 步行2分 — ⑤手作り品の店 三笑 — 步行4分 — Goal 修善寺温泉巴士站

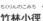

ACCESS GUIDE

前往伊豆的方式

從東京方面前往伊豆各區域的起點站，一般都是搭乘JR特急「スーパービュー踊り子」、「踊り子」，或是在東海道新幹線熱海站或三島站轉乘。開車則以厚木IC及長泉沼津IC．沼津IC為起點，前往各區域主要城鎮。

從各地前往伊豆的交通方式

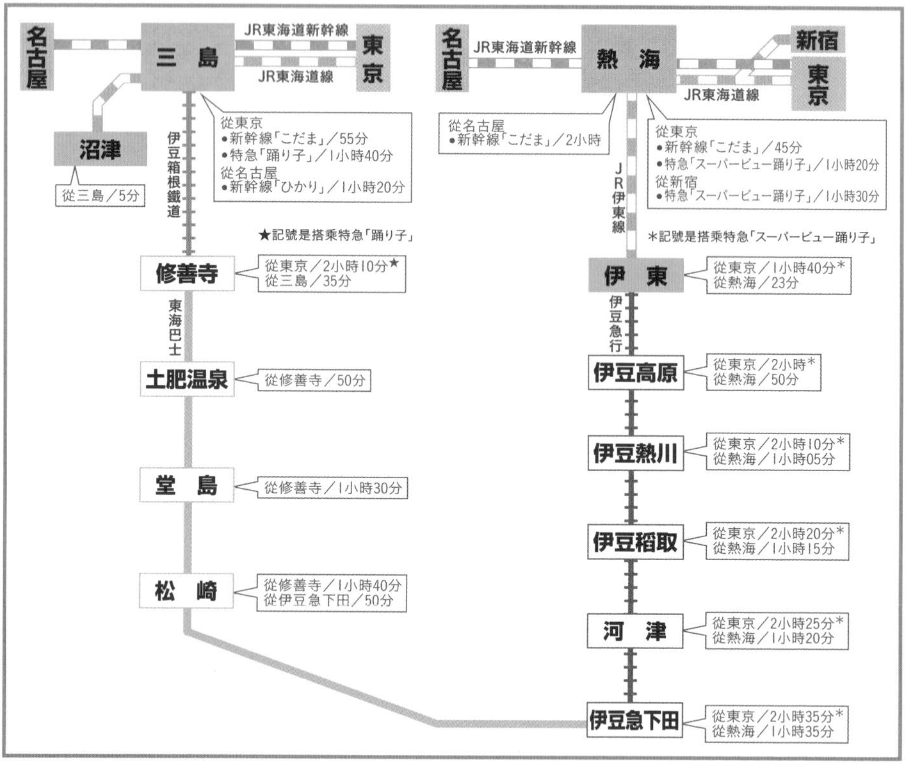

優惠車票

車票名稱	主要自由搭乘區間	車票內容	主要出發地與價格	有效期限	售票地點
適合周遊伊豆南半部 **南伊豆フリー乗車券**	伊豆急行全線以及河津、南伊豆、西伊豆南區的東海巴士	到使用日前一天為止均可購買。若搭乘特急「スーパービュー踊り子」、「踊り子」時，需加購特急券。2017年9月30日以前均可購買。	從東京都區內6160日圓	2天	JR東日本
適合到伊東～伊豆高原周邊觀光 **伊豆観光フリーパス**	伊東到伊豆高原區的東海巴士	從小田急線各站（扣除多摩線內與小田原站）到伊東站的來回套票（扣除特急券），可享觀光設施折扣優惠。	從小田急線新宿站4400日圓	2天	小田急

自駕兜風地圖

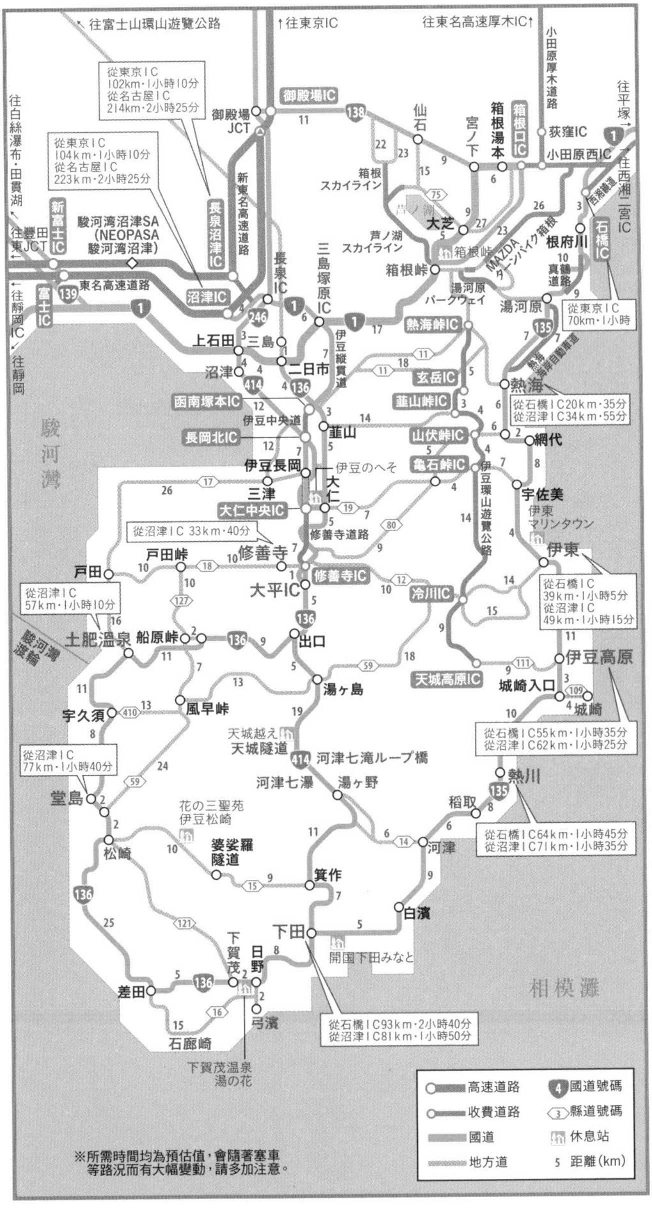

洽詢處

日本道路交通資訊中心
(東名高速資訊)
☎050-3369-6763
(靜岡資訊)
☎050-3369-6622

伊豆環山遊覽公路
☎0558-79-0211

NEXCO中日本客服中心
☎0120-922-229
☎052-223-0333

收費道路

西湘繞道
(小田原西・箱根口～石橋)
210日圓

伊豆環山遊覽公路
(全線)
980日圓

真鶴道路
200日圓

熱海海岸自動車道
300日圓

伊豆中央道
200日圓

修善寺道路
(全線)
200日圓

ACCESS GUIDE

遊逛伊豆的方式

伊豆急行、伊豆箱根鐵道這兩條私鐵與東海巴士是伊豆公共交通的主角。
從各區域的起點站到觀光景點也有巴士，但視區域而定班次不多，請多加注意。

鐵道・巴士

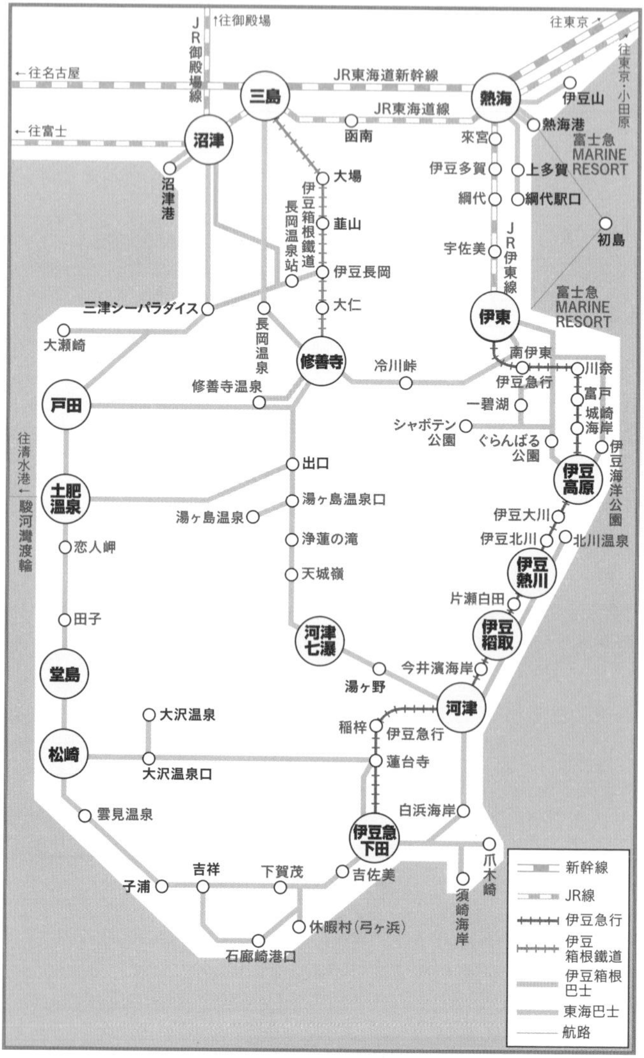

洽詢處

JR東日本
☎050-2016-1600

JR東海
☎050-3772-3910

伊豆急行
☎0557-53-1115

伊豆箱根鐵道
☎055-977-1207

東海巴士
(伊東)
☎0557-37-5121
(下田)
☎0558-22-2514
(松崎)
☎0558-42-1190
(修善寺)
☎0558-72-1841
(三島・沼津)
☎055-935-6611

伊豆箱根巴士
(三島)
☎055-977-3874

遊逛熱海的方式

自由乘車券最便利！

想要到觀光景點，搭乘以熱海站為起點的路線巴士最便利，亦有1天內可自由搭乘的自由乘車券。想搭乘巡迴熱海城、熱海HERB&ROSE GARDEN的「湯～遊～巴士」或往MOA美術館．伊豆山方面的路線巴士，建議購買《湯～遊～巴士自由乘車券》（東海巴士．700日圓）；想去梅園、起雲閣、熱海後樂園等目的地，則建議購買《熱海滿喫乘車券》（伊豆箱根巴士．500日圓）。

湯～遊～巴士自由乘車券區域

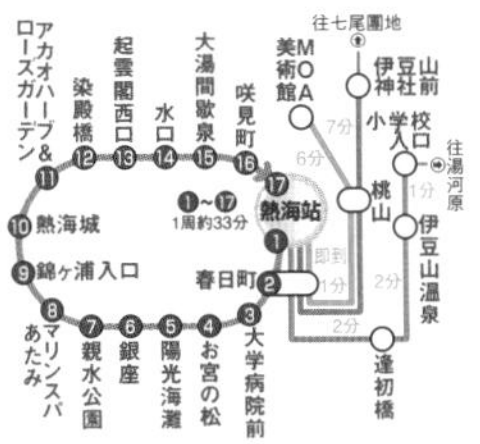

熱海滿喫乘車券區域

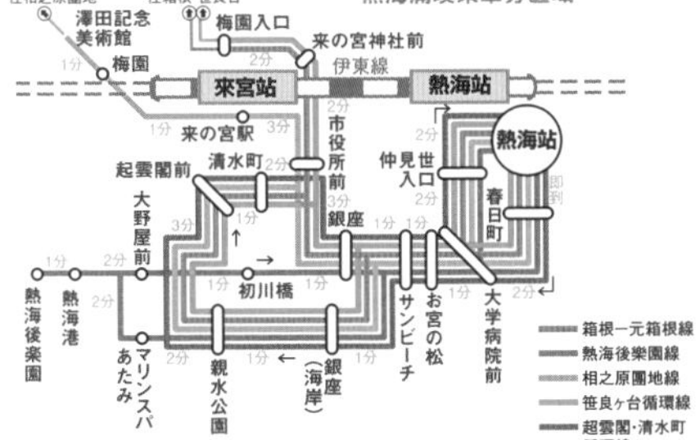

遊逛伊東的方式

逛主要景點靠步行

本區的景點和商店大多集中在伊東站與沿著海岸的國道135號之間，適合步行遊逛。但若要前往「公路休息站　伊東マリンタウン」，建議最好搭乘巴士。

伊東主要巴士路線圖

遊逛稻取．河津的方式

若搭乘巴士需事先調查班次

稻取．河津區的巴士路線以海岸沿線及中伊豆方面為主，根據路線不同巴士班次也有限，需特別注意。若搭乘巴士抵達不了時，亦可改搭計程車。

東伊豆主要巴士路線圖

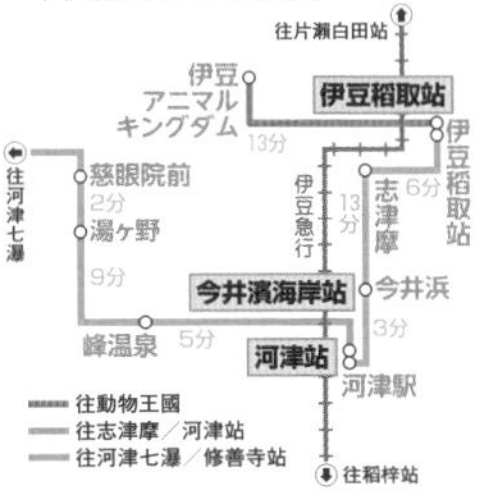

遊逛伊豆高原的方式

根據路線需注意巴士的發車時間

本區的巴士班次較少，特別是往一碧湖路線1天僅有1～4班，往赤澤海岸路線1天僅有2～4班，需多加注意。

伊豆高原主要巴士路線圖

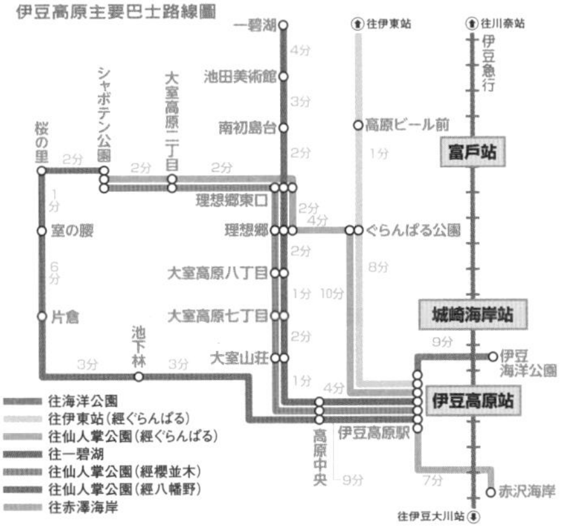

遊逛下田．南伊豆的方式

巴士的班次相當少

由於主要區域之間的巴士路線相連，有不少路線巴士的班次1小時不到1班。若錯過預定的巴士班次時，也可改搭計程車。

下田．南伊豆主要巴士路線圖

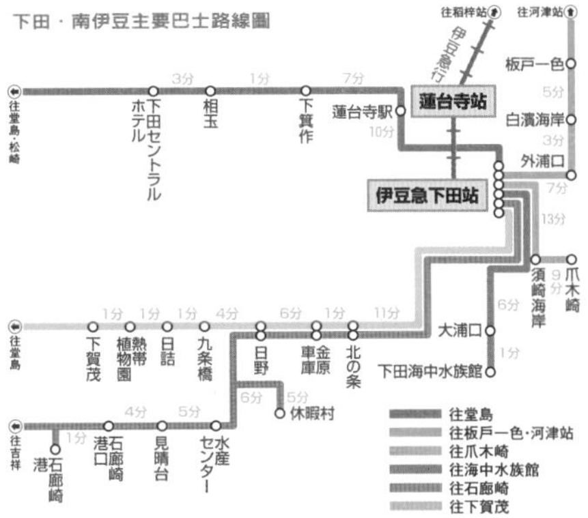

伊東

熱川·大川·北川

稲取

熱海

觀光景點 體驗 用餐

從地點搜尋

咖啡廳 購物 夜間娛樂 住宿 溫泉

數字、外文字母

日文假名

一劃～五劃

六劃、七劃

觀光景點 體驗 用餐

從名字搜尋

咖啡廳 購物 夜間娛樂 住宿 溫泉

來趟發現「心世界」的旅行

mani
mani

漫履慢旅

伊豆

休日慢旅⑧

【休日慢旅8】

伊豆

作者／JTB Publishing, Inc.
翻譯／黃琳雅
校對／張玉旻
編輯／林庭安
發行人／周元白
排版製作／長城製版印刷股份有限公司
出版者／人人出版股份有限公司
地址／23145新北市新店區寶橋路235巷6弄6號7樓
電話／（02）2918-3366（代表號）
傳真／（02）2914-0000
網址／www.jjp.com.tw
郵政劃撥帳號／16402311人人出版股份有限公司
製版印刷／長城製版印刷股份有限公司
電話／（02）2918-3366（代表號）
經銷商／聯合發行股份有限公司
電話／（02）2917-8022
第一版第一刷／2017年4月
定價／新台幣320元

日本版原書名／マニマニ伊豆
日本版發行人／秋田 守
Manimani Series
Title: Izu

國家圖書館出版品預行編目(CIP)資料

伊豆 / JTB Publishing, Inc.作；黃琳雅翻譯.
-- 第一版. -- 新北市：人人, 2017.04
面；　公分. --（休日慢旅；8）
ISBN 978-986-461-108-9(平裝)

1.旅遊 2.日本靜岡縣

731.74709　　　106004590

WHH

●「この地図の作成に当たっては、国土地理院長の承認を得て、同院発行の50万分の1地方図、2万5千分の1地形図及び電子地形図25000を使用した。（承認番号　平26情使、第244－802号）」

「この地図の作成に当たっては、国土地理院長の承認を得て、同院発行の数値地図50mメッシュ（標高）を使用した。（承認番号　平26情使、第242－486号）」

● 本書中的內容為2015年11月～12月的資訊。發行後在費用、營業時間、公休日、菜單等營業內容上可能有所變動，或是因臨時歇業等而有無法利用的狀況。此外，包含各種資訊在內的刊載內容，雖然已經極力追求資訊的正確性，但仍建議在出發前以電話等方式做確認、預約。此外，因本書刊載內容而造成的損害賠償責任等，敝公司無法提供保證，請在確認此點之後購買。

● 本書中的各項費用，原則上是取材時確認的消費稅含稅金額。而入園門票等，沒有特別標示者都是成人的費用。但是，各種費用還是有可能變動，在前往消費時請多加注意。●關於交通工具的所需時間都只是參考時間，請多留意。另外，關於公共交通工具的車資，使用IC乘車卡時，部分地區、公司的車資可能會有不同。●公休日原則上省略新年期間、盂蘭盆節、黃金週和臨時停業的標示。●本書刊載的利用時間，原則上為開店（館）～閉店（館）。最後點菜及入店（館）時間，通常為閉店（館）時刻的30分～1小時前，請多留意。●本書刊載的溫泉泉質、效能為源泉具備的性質，並非個別浴池的功效；是依照各設施提供的資訊製作而成。

● 本書刊載的住宿費用，原則上單人房、雙床房是1房的客房費用；而1泊2食、1泊附早餐、純住宿，則標示2人1房時1人份的費用。金額是以採訪時的消費稅率為準，包含各種稅金、服務費在內的費用。費用可能因季節、人數而有所變動，請多留意。

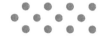

SPECIAL THANKS!

在此向翻閱本書的你，
以及協助採訪、執筆的各位
致上最深的謝意。